LA CHANSON

DE

CHAQUE MÉTIER

— PARIS —

IMPRIMÉ PAR J. CLAYE ET C°

RUE SAINT-BENOIT, 7.

LA CHANSON

DE

CHAQUE MÉTIER

AVEC UNE PRÉFACE A GEORGE SAND

PAR

CHARLES PONCY

OUVRIER MAÇON DE LYON

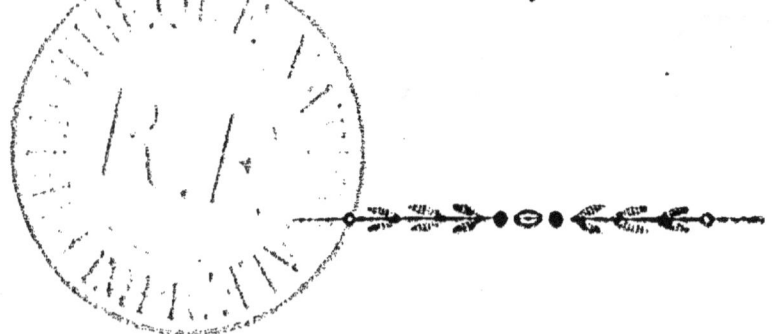

PARIS

COMON, LIBRAIRE-ÉDITEUR
15 QUAI MALAQUAIS

A LYON, CHEZ LÉON BOITEL, ÉDITEUR
QUAI SAINT-ANTOINE, 56

A TOULON, CHEZ TOUS LES LIBRAIRES

—

1850

PRÉFACE

A GEORGE SAND

Il y a quatre ans, après l'apparition de mon second livre de poésies, publié sous votre auguste patronage, je me trouvai un instant à sec d'inspirations. J'en ressentis un grand découragement. Il me sembla que cette stérilité était prématurée et que des journées heureuses et fécondes m'attendaient encore sur cette mer poétique que j'avais saluée si lumineuse et si souriante à mes débuts. Pour remettre mon courage et ma verve à flot, je fis un appel à votre cœur où tant de génie s'allie à tant de bonté. Voici la lettre que j'obtins de vous :

« J'ai toujours désiré qu'un poète fît sous un
« titre tel que celui-ci : *La chanson de chaque
« métier*, un recueil de chansons populaires à
« la fois enjouées, naïves, sérieuses et grandes,
« simples surtout, faciles à retenir et sur un
« rhythme auquel pussent s'adapter des airs
« connus bien populaires ou des airs nouveaux
« faciles à composer. Ou à défaut de musique,
« que ces chants fussent si coulants et si sim-
« plement écrits, que l'ouvrier simple sachant à
« peine lire, pût les comprendre et les retenir.
« Poétiser, ennoblir chaque genre de travail ;
« plaindre en même temps l'excès et la mau-
« vaise direction sociale de ce travail tel qu'on
« l'entend aujourd'hui, ce serait faire une œuvre
« grande, utile et durable. Ce serait enseigner
« au riche à respecter l'ouvrier ; au pauvre ou-
« vrier à se respecter lui-même.

« Il y a des états plus ou moins nobles en
« apparence, plus ou moins pénibles en réalité.
« Chacun demanderait au poète, un examen

« approfondi, des réflexions sérieuses, un juge-
« ment particulier à la fois poétique et philoso-
« phique ; et il y aurait, avec l'unité de forme,
« une variété infinie dans un tel sujet. Il y a
« dix ans que j'y rêve ! Il y a eu un temps où
« mon idée sur la chanson de chaque métier
« était si nette et si vive, que si j'avais su faire
« des vers, je l'aurais réalisée sous le feu de
« l'inspiration. C'est un sujet que j'ai conseillé
« à plusieurs jeunes poètes et qui les a tous
« effrayés parce qu'ils n'avaient pas l'inspiration
« et la sympathie qu'il faut pour cela. Un poëte
« prolétaire devrait les avoir. Vous, Poncy, vous
« auriez la grandeur et l'enthousiasme. Mais
« pour plier votre talent un peu recherché et
« *brillanté* à l'austère simplicité indispensable à
« ce genre de poésies, il vous faudrait travailler
« beaucoup, renoncer à beaucoup d'effets cha-
« toyants et à beaucoup d'expressions coquettes
« que vous affectionnez. Seriez-vous capable
« d'une aussi grande réforme ? sans cette ré-

« forme, pourtant, l'ouvrage dont je parle n'au-
« rait aucune valeur, aucun charme pour le
« peuple et, le dirai-je? aucune nouveauté aux
« yeux des connaisseurs; car il s'agirait de faire
« quelque chose que personne n'a fait encore.
« Vous l'avez fait à votre manière (et c'était une
« manière admirable), pour vous peindre vous-
« même dans votre état de maçon ; mais il fau-
« drait être encore plus simple, tout à fait simple.
« Le simple est ce qu'il y a de plus difficile au
« monde. C'est le dernier terme de l'expérience
« et le dernier effort du génie. N'êtes-vous pas
« encore trop jeune pour donner ces touches
« fermes et nettes qui paraissent si faciles que
« chacun se dit : «J'en aurais fait autant! » et
« que personne cependant ne peut le faire qu'un
« grand artiste?..... *Le Postillon, le Forgeron,*
« *le Maçon, le Laboureur, le Boulanger, le Jar-*
« *dinier, le Fossoyeur*, etc., etc., quelle foule
« inépuisable de types variés et qui tous pour-
« raient être embellis ou plaints par le poète !

« Il faudrait faire aimer toutes ces figures,
« même celles dont le premier aspect repousse,
« et inspirer une pitié tendre pour ceux qu'on
« ne pourrait admirer, comme des êtres utiles
« ou courageux ! »

J'ai toujours eu en vous une confiance sans bornes. Votre désir fut donc pour moi un commandement ; votre parole, un oracle. Je me mis au travail avec une nouvelle ardeur, avec cette foi en soi, sans laquelle le succès de l'œuvre qu'il accomplit paraîtrait à l'artiste une chimère folle.

Voici ce que j'ai recueilli dans un premier voyage vers l'idéal que vous m'aviez indiqué. Je connais d'avance les imperfections de mon travail ; je sais combien il est loin de ce que vous aviez rêvé et de ce que j'attendais moi-même de l'enthousiasme avec lequel je l'entrepris. Je sais aussi que, si mon livre réussit, beaucoup de métiers que je n'ai pas cités ici réclameront contre cet oubli. Mais mon voyage n'est pas terminé. Outre les professions que j'ai chantées, il en est bien d'autres dont les souffrances et les joies ont retenti dans ma poitrine. A la première brise favorable, je remettrai à la voile pour aller porter des refrains et des consolations dans les ateliers que je n'ai pas encore visités et surtout dans les ateliers de femmes dont les métiers me fourniront un jour tout un recueil de chansons à part (a) *.

Pour le moment, j'ai dû me résoudre à n'aborder que les grands fleuves industriels et à éviter avec soin, sous peine de me briser contre l'écueil de la monotonie, les mille méandres que la civilisation a greffés sur leurs rives. Pour jeter de la variété dans mes concerts de travailleurs, j'ai fait de temps en temps intervenir au milieu d'eux quelques types prolétaires oubliés par Béranger, notre maître à tous, et j'ose espérer que l'ouvrier proprement dit ne refusera pas à ces

---

* Voir les notes à la fin du volume.

nouveaux frères la modeste place que je leur ai assignée à ses côtés.

Je me suis attaché surtout à démontrer la solidarité qui existe entre tous les métiers, depuis ceux que l'industrie et le succès ont élevés à la hauteur d'un art, jusqu'aux plus infimes et aux plus ignorés. J'ai cherché à prouver que nul artisan n'a le droit de se croire en réalité plus noble et plus utile qu'un autre : l'imprimeur, par exemple, pas plus que le laboureur qu'il instruit, mais qui lui rend le pain quotidien en échange; le forgeron, pas plus que le maçon auquel il fournit des outils, mais qui lui bâtit la forge pour le nourrir et le toit pour l'abriter; l'horloger, si savant et si distingué en apparence, pas plus que le pauvre mineur qui va, à travers mille dangers, fouiller aux flancs de la terre les métaux indispensables à la confection des pendules et des montres, et ainsi de suite. C'est une chaîne admirable et si solidairement rivée qu'aucun anneau ne pourrait en être détaché sans qu'elle se brisât sur tous les points.

Quant à la simplicité tant recommandée et que je reconnais si nécessaire, j'ai fait également tous mes efforts pour ne pas m'en écarter. Ma poésie abrupte a appelé les choses par leurs noms, comme le fait l'ouvrier lui-même, sans que son langage en soit moins pittoresque et moins imagé. J'espère bien aussi qu'on ne me reprochera pas les quelques bribes d'érudition qui apparaissent çà et là dans mes couplets. Béranger, le premier modèle à consulter pour des œuvres de ce genre, ne s'en est pas fait faute. Dans sa chanson intitulée *les Gueux*, il entre ainsi en matière :

> Au Parnasse, la misère
> A longtemps régné, dit-on ;
> Quel bien possédait Homère ?
> Une besace, un bâton !

Voilà presque toute l'histoire de la poésie évoquée en quatre vers. Or, puisque cet admirable maître a pu supposer que les gueux auxquels il s'adressait, savaient ce que c'est que le Parnasse et Homère, pourquoi n'ai-je pas pu supposer que les ouvriers, si intelligents aujourd'hui, sauraient aussi saisir les allusions historiques auxquelles j'ai eu quelquefois recours pour faire ressortir les poétiques légendes des divers métiers? N'est-il pas certain, du reste, que celles de ces allusions qui resteront obscures pour quelques prolétaires, provoqueront de la part de ceux-ci des efforts pour s'en procurer la clef?... Et ce stimulant à l'étude, n'est-il pas un titre de plus à ajouter au rôle essentiellement vulgarisateur de la chanson?

La plus grande difficulté que j'aie rencontrée pour atteindre le but que vous m'aviez proposé, a été le choix des airs. Je ne savais presque aucune musique de chanson. La gaudriole n'est guère en honneur dans notre Midi, et cela tient, le croiriez-vous? à des causes purement atmosphériques. Une démonstration de quatre lignes justifiera cette assertion si bizarre au premier abord. La chanson, en effet, naît ordinairement pour égayer pendant les jours de fête les groupes d'hommes qu'un ciel inclément et maussade attriste ou claquemure, et qui cherchent, dans de fraternelles réunions, les sourires et la chaleur que le soleil leur refuse. Sur les bords de notre beau golfe, tout au contraire, le ciel est toujours splendide, la mer mélodieuse, les chemins dorés de fleurs et de rayons. On ne se réunit donc jamais pour chanter au coin du feu ; on cède aux appels irrésistibles du dehors ; on va s'enivrer par les yeux, des beautés de la création, beautés dont l'amour pousse l'homme à la solitude et satisfait, en les absorbant dans la contemplation, ses plus vives facultés. Si, par hasard, il vous arrive d'entendre la nuit une voix en plein air, ce ne sera pas une chanson qu'elle jettera aux échos recueillis, mais bien quelque sérénade langoureuse comme la brise de minuit et voluptueuse comme un frais crépuscule d'été. Je connaissais donc très-peu d'airs, et parmi ceux que j'étais parvenu à apprendre, j'ai trouvé rarement une musique en harmonie parfaite avec les sentiments que j'avais à exprimer.

Aussi, faute de musique, quelques-unes de ces chansons n'ont-elles jamais été chantées. Mais, fidèle à votre recommandation à ce sujet, je les ai composées sur des rhythmes auxquels on pourra sans peine adapter des airs simples, faciles à composer et à retenir. Pour tous ces petits poëmes, j'ai préféré l'*action* au *récit*. La chanson du charpentier a seule échappé à cette règle que je m'étais rigoureusement imposée dès le début. L'ouvrier qui chantera ces vers, trouvera sans doute un plus grand charme à exposer lui-même les joies, les douleurs, les légendes, l'histoire et l'avenir de son état qu'à les raconter pour ainsi dire par l'entremise du poëte. Le rôle d'acteur, dans les drames de ce genre, offre toujours plus d'attrait que le rôle en quelque sorte passif de narrateur.

Entre le jour où j'ai commencé ce recueil et

celui où je le termine, la foudre a passé sur la vieille société. La révolution du 24 février s'est accomplie au nom des idées qui ont inspiré ces couplets, au nom des besoins qui subsistent malheureusement encore aujourd'hui, malgré la chute de la royauté qui semblait seule les perpétuer.

Je n'ai pas besoin d'ajouter que la plupart de ces chansons ont été écrites sous le régime auguste de la paix à tout prix et des lois de septembre. Il y est souvent question du roi et j'ai dû, après mûr examen, laisser figurer ce nom partout où je l'avais employé en d'autres temps. Les souffrances de tout genre qui pleurent dans ces pages, les joies et les sourires qui les éclairent, sont, je crois, une des plus fidèles expressions des dernières années du règne de Louis-Philippe, époque déplorable qui nous a conduits à celle plus déplorable encore que nous traversons.

Je n'ai pas publié cet ouvrage en 1848, parce

que je le considérais comme une arme destinée à battre en brèche ce qu'il y avait de vicieux et d'incomplet dans l'édifice constitutionnel de 1830. Cet édifice était détruit alors et mon livre était comme un marteau entre les mains d'un ouvrier qui n'a plus rien à démolir.

Je le publie aujourd'hui, parce que ces jours funestes semblent malheureusement et fatalement revenus, parce qu'il pourra servir plus tard à faire connaître, mieux que beaucoup d'autres, l'esprit et la situation des travailleurs pendant ces derniers temps. D'ailleurs, les épigrammes et les flèches qu'il décoche atteindront encore bien des égoïsmes, bien des ambitions coupables ou ridicules qui ressuscitent effrontément à la grande stupéfaction de tous. Le règne des juifs, des rois du cinq pour cent, redevient tellement florissant, les calomnies débitées contre le peuple par certains publicistes prennent un tel caractère d'acrimonie et d'impudeur, qu'il faut bien reprendre la plume, cette épée de l'idée, pour combattre les manœuvres des insensés qui osent encore rêver la réédification du passé.

Tout en faisant la part des pertubations que la secousse politique de février a jetées dans les rouages industriels et commerciaux, il est facile de voir cependant que les heureux du monde n'ont mis sérieusement ni leur dévouement, ni leur science, ni leur fortune au service de la cause commune. Parce qu'un roi corrupteur et corrompu qui a poussé la France à deux doigts de sa perte, est parti pour l'Angleterre, sept millions de bras sont restés inoccupés! La misère, la faim, ont pleuré et pleurent encore en haillons dans la rue, sur les places, dans les mansardes et dans les hospices. Le capital s'est épouvanté devant les sacrifices que la situation exigeait, et n'a rien trouvé de mieux à faire, dans une aussi solennelle occasion de se réhabiliter, que d'écouter une peur que rien ne justifiait et d'affamer ainsi, par sa désertion, la France industrielle! L'organisation du travail, problème que de nobles cœurs et d'éminents esprits soutenus par une foi ardente, travaillent toujours à résoudre, sera peut-être encore longtemps un désir avant d'être un fait, et, sous ce rapport, la publication de ce livre est une bonne chose, parce qu'à travers les douleurs qu'il peint, douleurs qui saignent aujourd'hui plus encore que jamais, on voit rayonner à chaque page l'espérance d'un avenir infailliblement meilleur et les austères consolations qui nous aideront à en attendre les bienfaits.

Je me résume. Je vous ai rappelé votre programme. Voici maintenant de quelle manière je l'ai rempli. Si j'ai échoué, je m'en consolerai en songeant que j'ai tenté, que j'ai ouvert une direction neuve et salutaire à la poésie prolétaire; que j'ai cherché à purger la bouche du peuple des refrains sanguinaires du compagnonnage, des chansons dépravées des garnisons. Je dirai comme mon glorieux aîné, Hégésippe Moreau :

.... Mon rêve de gloire a, comme tout,

fini par des chansons. Au contraire, si j'ai réussi, souffrez que je mette à vos pieds l'hommage de cette œuvre que vous avez vous-même inspirée et que je vous dédie avec bonheur, comme un nouveau gage de mon admiration, de ma reconnaissance et de mon dévouement.

Charles PONCY.

Mai 1850.

LA CHANSON

DE

CHAQUE MÉTIER

FRONTISPICE

AUX PROLÉTAIRES!

I.

Chantez, amis; marchez dans votre voie austère,
Un refrain sur la lèvre et l'espérance au cœur;
Et le règne de Dieu descendra sur la terre
Lorsque toutes vos voix l'appelleront en chœur.

Il faut chanter; il faut unir vos voix robustes.
Il faut que la chanson, ainsi qu'un bouclier,
Du sort qui vous poursuit pare les coups injustes,
Et, riant de vos maux, vous les fasse oublier.

Vous me direz, amis, que souvent à vos lèvres
Il arrive un blasphème au lieu d'un mot rieur;

Et qu'en nos tristes jours de soucis et de fièvres,
Rien n'éveille l'essor de l'hymne intérieur ;

Que la faim, dans nos champs, s'introduit sous le chaume,
Sourde aux pleurs de l'enfant qu'elle fait orphelin,
Puis, vient dans les cités, dès que votre bras chôme,
Changer votre mansarde en cachot d'Ugolin.

Je connais, comme vous, ces profondes détresses,
Désespoirs inédits qui désolent vos cœurs.
Mais je sais qu'en vos seins, vivantes forteresses,
Jamais ces désespoirs ne sont entrés vainqueurs.

Je sais qu'affronts amers, vengeances étouffées,
Grèves, froid, deuil et faim, tout ce que nous souffrons,
Ne résiste jamais aux premières bouffées
De ces brises que Dieu fait passer sur nos fronts.

Alors, levée au ciel, votre ardente prunelle
Voit les nuages noirs loin de vous emportés ;
Alors, pleine de foi, votre âme sent en elle
Rentrer le fleuve d'or des divines bontés !

Alors, votre gaîté s'exhale en ritournelles,
Rend l'esprit insensible à la douleur des sens;
Alors, mille chansons, folles ou solennelles,
Portent aux pieds de Dieu vos vœux reconnaissants.

Chantez donc, avancez dans votre voie austère,
Un refrain sur la lèvre et l'espérance au cœur;
Et le règne de Dieu descendra sur la terre
Lorsque toutes vos voix l'appelleront en chœur!

II.

Regardez le maçon!... S'il sondait à chaque heure
Les abîmes où peut l'entraîner un faux pas;
S'il songeait le matin, en quittant sa demeure,
Que peut-être vivant il n'y rentrera pas;

S'il pensait aux tourments que son courage endure,
Aux décombres infects qui souillent ses habits,
A ses mains d'où le sang jaillit sous la froidure,
Et, sur le mortier blanc, tombe en larges rubis;

Si le vieux laboureur qui guide la charrue,
Et couve les moissons de son amour fervent,
Prévoyait l'ouragan qui dans ses champs se rue,
Qui hache ses blés mûrs et les disperse au vent ;

Si le marin songeait aux tempêtes affreuses
Qui, dans leurs profondeurs, bouleversent les flots,
Aux terreurs qu'il ressent quand les nuits ténébreuses
Sur les écueils voisins poussent de longs sanglots :

Nous n'aurions ni maisons, ni moissons, ni navires ;
Le monde échapperait à la céleste loi,
Et, couvert des débris de ses riches empires,
L'homme s'abdiquerait : le néant serait roi !

Mais délivrons nos fronts de ces pensers moroses.
Ce n'est pas sous ce jour que la vie apparaît.
La poésie éclate au fond de toutes choses,
Et des bonheurs humains tient l'auguste secret.

J'ai donc cherché pour vous la sainte poésie
Au toit du prolétaire, au sein de ses travaux,

Et partout mon désir l'a trouvée et saisie,
Semant amours et fleurs, trésors toujours nouveaux !

Pour tromper les ennuis de vos lourdes journées,
Chantez donc ces refrains que sa voix m'inspira.
Chantez, amis; ayez foi dans vos destinées.
Vos chants vont jusqu'au ciel : il les exaucera.

Travailler et souffrir c'est la commune dette.
Fermez bien votre oreille aux perfides défis
Que, pour vous égarer, l'oisiveté vous jette,
Et n'assombrissez pas l'avenir de vos fils.

Oui, cachez à tout prix à l'heureuse jeunesse
Dont l'âme cherche encore en nous son aliment,
Le doute qui parfois surprend notre faiblesse,
L'aspect contagieux du découragement.

Au-dessus des douleurs que la misère enfante,
Au-dessus des bonheurs qui nous disent adieu,
Que notre âme, toujours sereine et triomphante,
Sur l'aile de l'espoir se réfugie en Dieu.

Chantons, amis ; marchons dans notre voie austère,
Un refrain sur la lèvre et l'espérance au cœur ;
Et le règne de Dieu descendra sur la terre
Lorsque toutes nos voix l'appelleront en chœur !

1847.

LA CHANSON

DE

CHAQUE MÉTIER

LA
CHANSON DU GUINGUETTIER

Air du *Tourne-broche*;
Ou : *Le bruit des roulettes gâte tout.*

Un nouveau dimanche se lève!
C'est jour de besogne pour nous.
Hors du lit, au travail, mon Ève;
Sors les flacons pleins de vin doux.
Avant que ce beau jour s'achève,
Nos amis les videront tous.
La joie et le vin, chez le guinguettier,
Donnent rendez-vous à chaque métier.

Accourez, braves prolétaires,
Pour vous tenir forts et dispos,
Des vignes, filles de nos terres,
Le sang a coulé dans ces pots.
La semaine aux travaux austères,
Mais le dimanche au gai repos !
La joie et le vin, chez le guinguettier,
Donnent rendez-vous à chaque métier.

Laboureurs dont les lourds araires
Ouvrent des sillons à nos grains;
Marins, maîtres des vents contraires,
Soldats, que tous les rois ont craints,
A ceux des ouvriers, vos frères,
Mêlez vos cœurs et vos refrains !
La joie et le vin, chez le guinguettier,
Donnent rendez-vous à chaque métier.

Le vieux drapeau de la patrie (1),
Sur mon toit, brille dans les airs.
Pour vous, à son ombre chérie,

L'été mûrit mes raisins verts.
Qu'il soit celui de l'industrie :
Il flottera sur l'univers.
La joie et le vin, chez le guinguettier,
Donnent rendez-vous à chaque métier.

Le plaisir, libre sous nos treilles,
Se livre à qui s'y vient asseoir.
L'avenir, entre deux bouteilles,
Ceint de fleurs, rit à notre espoir.
Trinquons tous ensemble aux merveilles
Qu'à nos enfants il fera voir.
La joie et le vin, chez le guinguettier,
Donnent rendez-vous à chaque métier.

LA CHANSON DU ROULIER

Air : *Malbrouck s'en va-t-en guerre*

Eh youp ! la route est belle,
Gai roulier,
Gai roulier, qu'on attelle ;

Eh youp ! la route est belle,
En avant, limonier !

Reprends d'un pas tranquille
    Tes ballots
Qu'on attend à la ville;
Reprends d'un pas tranquille
Ta charge et tes grelots.

Eh youp ! voici la côte :
    Limonier,
Du courage, elle est haute;
Eh youp ! voici la côte;
Vite un coup de collier !

Et la halte prochaine
    Aura soin
De payer notre peine;
Oui, la halte prochaine
Vend du vin et du foin.

Eh youp ! la bonne vie
    Que la main

Du Destin m'a servie !
Eh youp ! la bonne vie !
Vive le grand chemin !

Vivent nos vieilles fêtes :
    Rien, ma foi,
Rien n'en vaut les goguettes ;
Vivent nos vieilles fêtes,
Vive la Saint-Éloi !

Vive l'hôtellerie,
    Le vin doux,
La luzerne fleurie !
Vive l'hôtellerie
Où l'on couche à cinq sous !

Hôtesse et maritornes
    Ont pour moi
Des tendresses sans bornes ;
Hôtesse et maritornes
M'y traitent comme un roi.

Trinquez tous à leurs charmes,

Bohémiens
Qui narguez les gendarmes ;
Trinquez tous à leurs charmes ;
Mêlez vos chants aux miens.

Oui, trinquons tous ensemble ;
  Pauvreté
En chemin nous rassemble ;
Oui, trinquons tous ensemble
A notre liberté.

La liberté nous guide,
  Avec nous
Gaîment elle réside ;
La liberté nous guide
Bras dessus, bras dessous !

Eh youp ! le soleil baisse :
  Gai roulier,
Crains des nuits l'ombre épaisse ;
Eh youp ! le soleil baisse :
Gare au fouet, limonier.

La vapeur, ma rivale,
           Vient tonner
Sur la route royale;
La vapeur, ma rivale,
Cherche à me détrôner.

Pour tuer le roulage,
           Sur le fer
Aujourd'hui tout voyage;
Pour tuer le roulage,
On exhume l'enfer.

Eh youp! mes pauvres bêtes,
           Le charbon
Brûle en vain nos charrettes;
Eh youp! mes pauvres bêtes,
Le roulier tiendra bon.

Celui qui fit le monde
           Prendra soin
Du travail qu'il féconde;
Celui qui fit le monde

A tous y garde un coin.

Eh youp !... voici l'auberge :
L'hôtelier,
L'hôtelier, qu'on m'héberge ;
Eh youp ! voici l'auberge :
Halte-là !... limonier !

LA CHANSON DU VANNIER

Air du *Bon pape*.

Soldats d'une industrie aimée,
Tressons les roseaux et l'osier.
A nous chanter, la Renommée
N'enroua jamais son gosier.
Mais aujourd'hui je suis en verve
De réparer ce grave tort.

Chantons fort,
Chantons fort
Et d'accord !
Il faut que chacun, sans réserve,
Applaudisse à notre métier.
Gloire au vannier,
Gloire au vannier,
Gloire au vannier,
Gloire au vannier !

Quel bon petit état, mes frères !
C'est à ne jamais s'en lasser.
L'osier de vingt mille manières
Dans nos doigts vient s'entrelacer.
Nos outils, poussés sans relâche,
N'exigent de nous nul effort.
Chantons fort,
Chantons fort
Et d'accord !
Ils sont si mignons qu'on les cache
Dans la poche du tablier.
Gloire au vannier ! (*quater*)

Dans nos jardins où les abeilles
Cueillent leur miel sur le rosier,
Pour le tranformer en corbeilles
Nous cueillons le flexible osier.
Dans un berceau fait de ses tiges
Le fils du prolétaire dort.
>   Chantons fort,
>   Chantons fort
>   Et d'accord !
Les bouquets ont plus de prestiges
Groupés dans un joli panier.
>   Gloire au vannier ! (*quater*)

Sous Périclès, sous Démosthènes,
Lorsqu'avril ouvrait les bourgeons,
Les vanniers aux vierges d'Athènes
Tressaient des corbeilles de joncs.
Plus tard, des rives de la Grèce
Notre art monte aux forêts du Nord.
>   Chantons fort,
>   Chantons fort
>   Et d'accord !

Dans des corbeilles, la druidesse
Recueillait le gui printanier.
  Gloire au vannier! (*quater*)

Dans le Nil fécond et paisible,
Belle comme un beau chérubin,
La douce enfant d'un roi terrible
Savourait la fraîcheur du bain.
L'onde, alors, dans une corbeille,
Pousse un nouveau-né près du bord.
  Chantons fort,
  Chantons fort
  Et d'accord!
Et Dieu, d'un peuple qu'il réveille,
En fait le divin pionnier.
  Gloire au vannier! (*quater*)

Comme notre art enlace et tresse
Le roseau qui trahit Midas,
Que l'amour enlace sans cesse
Nos pensers, nos cœurs et nos bras.
Cet amour que Dieu nous enseigne

Excite en nous un vif transport.

Chantons fort,

Chantons fort

Et d'accord !

Le vannier, pour fêter son règne,

Ne sera jamais le dernier.

Gloire au vannier,

Gloire au vannier,

Gloire au vannier,

Gloire au vannier !

LA

CHANSON DU TAILLEUR DE PIERRES

Air du *Ménétrier de Meudon*.

En avant le maillet d'acier :

Il donne une âme au bloc grossier.

En avant le maillet d'acier.

Vive le travail nourricier !

Honte à qui chôme encore
Loin des chantiers rivaux !
Avril a fait éclore
Les fleurs et les travaux.
Frères, je vous arrive
Avec la joie au cœur;
Et vite qu'on m'inscrive
Au livre du piqueur.

En avant le maillet d'acier :
Il donne une âme au bloc grossier.
En avant le maillet d'acier.
Vive le travail nourricier !

Cinq mois, dans nos villages (2),
J'ai, trompant les ennuis,
Taillé seuils et dallages
Et margelles de puits.
La boucharde et l'aiguille
Résonnaient tour à tour,
Et du printemps qui brille
Appelaient le retour.

En avant le maillet d'acier :
Il donne une âme au bloc grossier.
En avant le maillet d'acier.
Vive le travail nourricier !

Morbleu ! les belles pierres
Que pour nous, dans les airs,
Fait jaillir des carrières
La mine aux sourds éclairs !
A nous ces blocs énormes :
Notre bras sait comment
Du flanc des monts informes
On tire un monument.

En avant le maillet d'acier :
Il donne une âme au bloc grossier.
En avant le maillet d'acier.
Vive le travail nourricier !

Palais que l'on contemple
Dans les grandes cités ;
Arc-de-triomphe, temple,

Chefs-d'œuvre au loin cités :
Tous ces frontons augustes
Qu'on se montre du doigt,
C'est à nos mains robustes,
C'est à nous qu'on les doit.

En avant le maillet d'acier :
Il donne une âme au bloc grossier.
En avant le maillet d'acier.
Vive le travail nourricier !

L'adepte qui voyage,
Le cœur plein d'avenir,
Partout, sur son passage,
Salue un souvenir.
Il lève la paupière
Et lit, d'un œil joyeux,
Ces poëmes de pierre
Qu'ont écrits ses aïeux.

En avant le maillet d'acier :
Il donne une âme au bloc grossier.

En avant le maillet d'acier.
Vive le travail nourricier!

 Un roi, par nos ancêtres (3),
 Fit, sur le sol hébreu,
 Bâtir un temple aux prêtres
 Plus encor qu'au vrai Dieu.
 « Fils de l'architecture,
 « Venez, dit-il : voici
 « Des lettres de roture :
 « Soyez nobles aussi. »

En avant le maillet d'acier :
Il donne une âme au bloc grossier.
En avant le maillet d'acier.
Vive le travail nourricier!

 Mais des gloires plus vieilles
 Déjà sacraient nos droits,
 Car sur les sept merveilles,
 On nous en devait trois.
 Jardins aux murs splendides,

Temple qu'un fou brûla,
Antiques pyramides :
Notre blason est là !

En avant le maillet d'acier :
Il donne une âme au bloc grossier.
En avant le maillet d'acier.
Vive le travail nourricier !

Comme nos braves pères,
Les premiers compagnons,
Créons des jours prospères
A l'art où nous régnons.
Gardons dans nos écoles
L'équerre et le compas,
Et que ces beaux symboles
Règlent partout nos pas.

En avant le maillet d'acier :
Il donne une âme au bloc grossier.
En avant le maillet d'acier.
Vive le travail nourricier !

LA CHANSON DU BOULANGER

Air : *Paillasse, mon ami, saute pour tout le monde.*

Vous voyez en moi le mitron
   Choyé par la pratique.
Sans moi vingt fois mon vieux patron
   Aurait fermé boutique.
     Bourgeois et portiers
     Des bouts du quartier
   Accourent à la ronde ;
     Je suis au pétrin
     Nuit et jour en train
   Pour nourrir tout le monde.

Pour dorer la croûte du pain,
   Devant la cheminée,
Le bouquet de pommes de pin (4)
   Flambe à chaque fournée.

Ce feu continu
Bronze mon sein nu
Et de sueur l'inonde.
Je suis au pétrin
Nuit et jour en train
Pour nourrir tout le monde.

Par le vin, l'amour et les chants
Mes forces sont accrues.
Je prends au jour la clef des champs...
C'est-à-dire des rues.
Me voilà lancé!...
Quand j'ai bien chassé
A la brune, à la blonde,
Je viens au pétrin
Me remettre en train
Pour nourrir tout le monde.

J'ai vu Paris, Lyon, Alger
Aux plaines tropicales.
Partout l'œuvre du boulanger
S'empreint des mœurs locales.

Le pain musulman
Se roule en turban
Et prend sa forme ronde.
Je suis au pétrin
Nuit et jour en train
Pour nourrir tout le monde.

Le pain qu'à Marseille, à Toulon,
En navire on façonne,
S'étend, s'allonge vers Châlon
En bateau de la Saône.
Mais le Parisien
Fait pétrir le sien
D'une ampleur sans seconde.
Je suis au pétrin
Nuit et jour en train
Pour nourrir tout le monde.

Le boulanger fut toujours fier
De ses forces physiques.
C'est lui qu'on nomme bras de fer
Dans les luttes publiques.

Son orgueil est tel
Qu'il n'est de cartel
Auquel il ne réponde.
Je suis au pétrin
Nuit et jour en train
Pour nourrir tout le monde.

Mais les temps de haine sont loin !...
Le plus fort camarade
Évite avec le plus de soin
La rixe qui dégrade.
Mitrons, que le blé
Par nous soit doublé,
Que pour tous il abonde.
Soyons au pétrin
Nuit et jour en train
Pour nourrir tout le monde.

LA CHANSON DE L'IMPRIMEUR

Air : *En me créant, Dieu m'a dit : Ne sois rien.*

Sur l'univers, maudit pour une pomme,
L'erreur, la nuit, régnaient, quand tout à coup
Un astre éclos dans le cerveau d'un homme
L'illumina d'un bout à l'autre bout.
Ce météore, aux quatre coins du monde,
Fut salué d'enivrantes clameurs.
Depuis ce jour sa clarté nous inonde.
Gloire immortelle à l'art des imprimeurs !

Cet art divin à la pensée humaine
Créa soudain de larges ailes d'or ;
Puis, lui donnant l'infini pour domaine,
Rendit fécond son lumineux essor.

Grâces à lui, des travaux du génie
Le peuple aussi put goûter les primeurs
Et s'abreuver à leur source bénie.
Gloire immortelle à l'art des imprimeurs !

Il déchira les ténébreux grimoires
Dont les sorciers effrayaient les hameaux.
Pour les dorer il exhuma les gloires,
Pour les guérir il dévoila les maux.
Des nations qu'opprimait l'esclavage
Il adoucit les destins et les mœurs ;
Il éclaira la tente du sauvage.
Gloire immortelle à l'art des imprimeurs !

A ce soleil rouvrant ses deux prunelles,
La Vérité s'envola de son puits.
De liberté, de concorde éternelles
A tous les cœurs elle a parlé depuis.
Par notre voix, au passé qui s'écroule,
Elle a crié : « Ton règne est fini : meurs !
« Meurs : l'avenir devant tous se déroule. »
Gloire immortelle à l'art des imprimeurs !

Oui, gloire à l'art qui balaya la fange
Où croupissaient les peuples et les rois.
Gloire à ses fils, à la grande phalange
Qui fait jaillir des éclairs de ses doigts.
Leurs nobles rangs, qu'un saint amour resserre,
Ont Béranger, le roi des gais rimeurs (5) ;
Ils ont Franklin, qui vainquit le tonnerre !
Gloire immortelle à l'art des imprimeurs.

Amis, notre art c'est l'étoile des âmes ;
C'est le levier qu'Archimède a rêvé.
Lorsque le monde a, sous l'assaut des lames,
Touché l'écueil, c'est lui qui l'a sauvé.
De cette nef, qu'un bon vent favorise,
Dieu nous a faits pilotes et rameurs :
Guidons sa proue à la terre promise.
Gloire immortelle à l'art des imprimeurs !

LA CHANSON DU MATELOT

Air : *Plus on est de fous, plus on rit.*

Le navire fait bonne route,
La nuit vient; mais guerre aux dormeurs.
Qu'on fasse cercle et qu'on m'écoute :
Le sommeil n'est pas dans nos mœurs.
La tristesse va, je m'avise,
Devenir notre unique lot.
Opposons-lui notre devise :
Veille, veille au grain (*bis*), matelot! (6)

Écoutez, que je vous raconte
L'histoire d'un brave marin,
Qui, des ans ne tenant pas compte,
Fut plus heureux qu'un souverain.
Ramené, par la nostalgie,
Aux souvenirs de son maillot,

Il les noya dans une orgie.
Veille, veille au grain (*bis*), matelot!

Pour la pêche de la baleine,
Il part, brandissant les harpons.
On signale sous la poulaine
Un cétacé comme un trois-ponts.
Hourra! dit-il, et sous l'aisselle
Il ajuste le cachalot....,
Et le sang du monstre ruisselle.
Veille, veille au grain (*bis*), matelot!

Un soir, sur un vaisseau de guerre,
Il ronflait, rêvant des combats.
Le porte-voix muet naguère
Sonne soudain le branle-bas.
La mort vole dans le cordage;
Lui, narguant boulet et brûlot,
Prend la victoire à l'abordage.
Veille, veille au grain (*bis*), matelot!

Une nuit, l'ouragan l'assaille.

«— Bon, dit-il, ce bruit m'émeut peu.
« Le pont qui sous mes pieds tressaille
« Ne craint que les rocs et le feu.
« Enfants! qu'aux éléments on montre
« Qu'on se moque de leur complot.
« Marchons tout droit à leur rencontre (7). »
Veille, veille au grain (*bis*), matelot!

Chaque fois qu'il toucha la terre,
L'Amour lui servit un régal :
La beauté blonde en Angleterre,
La Vénus noire au Sénégal.
Plein du dieu qui charme et féconde
Et poussé partout par le flot,
De Français il peupla le monde.
Veille, veille au grain (*bis*), matelot!

Notre homme ainsi fit, en vrai sage,
De l'univers trois fois le tour,
Et cueillit sur chaque rivage
Le plaisir, la gloire et l'amour.
L'âme de courage pétrie,

Il mourut vierge de sanglot,
Chantant le vin et la patrie.
Veille, veille au grain (*bis*), matelot!

En l'honneur de ce bon apôtre,
Amis, buvons, chantons, fumons!
Son histoire est aussi la nôtre,
Il aima ce que nous aimons.
De la gaîté qu'il nous inspire
Faisons résonner le grelot.
Dieu guide au port notre navire!
Veille, veille au grain (*bis*), matelot!

LA CHANSON DU FORGERON [1]

Musique de M. Eugène Ortolan.

Debout devant mon enclume,
Prêt au travail me voici :

[1] La chanson du Forgeron, celle du Calfat et celle du Laboureur

Dès qu'au ciel l'aube s'allume,
Ma forge s'allume aussi.
Frappe, marteau, tords et façonne
Le métal qu'amollit le feu.
Que ta voix de fer, mon marteau, résonne
Pour glorifier le travail et Dieu,
Le travail et Dieu !

En vain la sueur m'inonde :
Mes bras n'en sont que plus forts.
C'est la sueur qui féconde
Mon courage et mes efforts.

---

ont été mises en musique par M. Eugène Ortolan. La première a paru, musique et paroles, dans le *Magasin Pittoresque* et dans l'édition complète des poésies de l'auteur, publiée en 1846. La seconde a paru tout récemment dans le *Musée des Familles*. La troisième est encore inédite. Un grand et légitime succès a accueilli, tant dans les ateliers que dans les salons, les compositions de M. Ortolan. Cette musique est franche, vive, originale et inspirée surtout. C'est l'écho éloquent et fidèle des souffrances et des joies de l'ouvrier, du retentissement des lourds marteaux, des grincements des poulies et des scies, des crépitations du fer rougi qu'on trempe dans les bassins creusés au pied des forges, enfin de tous les bruits que font les grands bras en travail de l'industrie humaine.

(*Note de l'Éditeur.*)

Voyez-m'en, comme une couronne
Une goutte à chaque cheveu.
Que ta voix de fer, mon marteau, résonne
Pour glorifier le travail et Dieu,
Le travail et Dieu !

Le riche qui de ma blouse
Détourne son œil railleur,
Plus d'une fois me jalouse
Ma gaîté de travailleur.
La gaîté !... Dieu toujours la donne
A qui sait vivre heureux de peu.
Que ta voix de fer, mon marteau, résonne
Pour glorifier le travail et Dieu,
Le travail et Dieu !

J'aime à forger la charrue
Qui nourrit le genre humain ;
Mais jamais le fer qui tue
Ne fut battu par ma main.
A la vie il faut que personne
Avant son jour ne dise adieu ;

Que ta voix de fer, mon marteau, résonne
Pour glorifier le travail et Dieu,
  Le travail et Dieu !

  Pince qui fend les carrières,
  Balcons où l'on prend le frais,
  Soc qui sillonne les terres,
  Marteau qui brise le grès :
  Qu'on laboure, taille, ou maçonne,
  Mon ouvrage sert en tout lieu.
Que ta voix de fer, mon marteau, résonne
Pour glorifier le travail et Dieu,
  Le travail et Dieu !

  Dans mon ténébreux asile,
  Je vis plus libre qu'un roi.
  Lorsqu'à tous on est utile,
  On peut être fier de soi.
  Cette forge que je tisonne,
  Du char du travail fait l'essieu.
Que ta voix de fer, mon marteau, résonne
Pour glorifier le travail et Dieu,

Le travail et Dieu!

Vive la forge qui brille!
Dans cet enfer de charbon,
On dit qu'en été je grille,
Mais l'hiver il y fait bon.
Que toujours mon bras y moissonne
Le pain du jour : c'est mon seul vœu.
Que ta voix de fer, mon marteau, résonne
Pour glorifier le travail et Dieu,
Le travail et Dieu!

LA CHANSON DU CHIFFONNIER

Air : *Lève-toi, Jacques, lève-toi :*
Voici venir l'huissier du roi.

Et requiescat in pace,
Chiffonnier, ton règne est passé.

Contre le préfet de police
En vain je me suis rebiffé :
De son théâtre il m'a biffé
Et je rentre dans la coulisse.

Et requiescat in pace,
Chiffonnier, ton règne est passé.

Mon panier pend à la muraille,
Poudreux comme un matelassier,
Et mon luisant crochet d'acier
A disparu dans la ferraille.

Et requiescat in pace,
Chiffonnier, ton règne est passé.

Mon bon crochet, quelle fin vile
Pour toi, dont l'ongle de griffon
Dénichait le moindre chiffon
Entre les pavés de la ville!

Et requiescat in pace,
Chiffonnier, ton règne est passé.

**

De combien de riches guenilles,
D'atours jadis éblouissants,
Au pied profane des passants
N'ai-je pas arraché les drilles?

Et requiescat in pace,
Chiffonnier, ton règne est passé.

De combien d'amoureux messages,
De journaux et de testaments,
De poèmes et de romans
Mes chiffons ont fourni les pages?

Et requiescat in pace,
Chiffonnier, ton règne est passé.

Parfois, en mon âme indignée,
Je pense, hélas! que mon métier
Fournit lui-même le papier
Où sa sentence fut signée!

Et requiescat in pace,
Chiffonnier, ton règne est passé.

Maintenant, l'aube est froide et terne,
Comme mon grabat que voilà :
Les chiffonniers ne sont plus là
Pour l'égayer de leur lanterne

Et requiescat in pace,
   Chiffonnier, ton règne est passé.

Car, c'est une heure avant l'aurore
Que nous allions, des carrefours
Fouiller ces sinistres détours
Que la police même ignore.

Et requiescat in pace,
   Chiffonnier, ton règne est passé.

Tous les jours la hotte était pleine.
Mais outre vieux fer et chiffons
Qui du métier formaient le fonds,
Nous avions toujours quelque aubaine :

Et requiescat in pace,
   Chiffonnier, ton règne est passé.

C'était des bijoux et des montres,
Sachets de soie aux fermoirs d'or,
Portefeuilles, bons du trésor,
Enfin, mille heureuses rencontres!

Et requiescat in pace,
Chiffonnier, ton règne est passé.

Pour nous, les perles de Fortune
Étaient vraiment dans le fumier,
Et j'en ai, pour le beau premier,
Dans la fange trouvé plus d'une.

Et requiescat in pace,
Chiffonnier, ton règne est passé.

Bon métier, fertile en trouvaille,
De ta gloire en vain tu déchois :
De tous ceux qu'on offre à mon choix
Il n'en est pas un qui te vaille!

Et requiescat in pace,
Chiffonnier, ton règne est passé.

LA CHANSON DU RAMONEUR

Air : *En vérité, je vous le dis.* (Fréd. Bérat.)

Mon père, un jour, chez un marchand
Me conduisit, et fit emplette
D'une corde et d'une raclette,
Dont il m'affubla sur-le-champ.
Et voilà le gamin en route,
Vers Paris dirigeant ses pas,
Et criant fort pour qu'on l'écoute :
Oh! ramoneur de haut en bas!

Ce métier-là me plut beaucoup.
C'était de tous le plus facile,
Car il ne fallait qu'être agile,
Et moi je l'étais comme un loup.
Dans la moderne Babylone
Le travail ne me manqua pas,

Grâce au chant qu'à tout coin j'entonne :
Oh ! ramoneur de haut en bas !

Et voilà six ans qu'on me voit,
Roussi comme une âme damnée,
Gratter four, poêle et cheminée
Depuis l'âtre jusques au toit.
Et ma voix, qu'assombrit la suie,
Pareille aux bruits des vieux sabbats,
Chante, entre les murs que j'essuie :
Oh ! ramoneur de haut en bas !

Quand je descendis du Piémont,
J'étais aussi blanc que la neige ;
Mais quelques mois de ce manége
M'ont rendu plus noir qu'un démon.
J'étais beau garçon : c'est dommage.
La nuit, seul dans mon galetas,
J'ai presque peur de mon image.
Oh ! ramoneur de haut en bas !

Je me contente de bien peu,

Messieurs, pour cinq sous je ramonne.
Cinq sous! c'est l'éternelle aumône
Du maudit qui souffleta Dieu.
Qui voudrait, pour cette misère,
Voir la flamme aux rouges éclats
Réduire son toit en poussière?...
Oh! ramoneur de haut en bas!

Le monde est grand, mais, sur l'honneur!
Son sein ne nourrit pas un homme
Plus honnête, plus économe,
Plus sobre que le ramoneur.
Le pauvret, pour faire fortune,
Va pieds nus, saute ses repas,
Et, la nuit, couche au clair de lune.
Oh! ramoneur de haut en bas!

Oui, j'ai cent écus, compte rond!
Tombés des tuyaux que je racle.
De ce trésor, de ce miracle,
Mes vieux parents profiteront.
On m'écrit que, brisés par l'âge,

Ils ne quittent plus leurs grabats :
En route donc pour le village,
Oh ! ramoneur de haut en bas !

LA

CHANSON DU JARDINIER-FLEURISTE

Air des *Va nu-pieds*.

Quittons les lourdes guêtres,
Les vêtements de pinchinat,
Et rouvrons nos fenêtres
Aux jours d'azur et d'incarnat.
Ma langue se délie
Pour vous chanter, jours fortunés !
Que de maux l'homme oublie
Quand vous lui revenez !

Adieu les froids moroses.

Pour encadrer nos verts enclos,
Voyez partout œillets et roses
   Éclos.
Avril aux fleurs que nous cueillons
Rend les baisers des papillons.

 Quels doux feux le ciel verse
Sur les plantes et sur les fleurs,
 Sur l'arbre où le vent berce
Le nid des oiseaux querelleurs.
 Oh ! combien la nature
A de sourires éclatants
 Lorsqu'avril inaugure
 Le radieux printemps !

Adieu les froids moroses.
Pour encadrer nos verts enclos,
Voyez partout œillets et roses
   Éclos.
Avril aux fleurs que nous cueillons
Rend les baisers des papillons !

Plus d'hiver, plus de neige.
Lilas précoces, fleurs des pois,
Lis que l'abeille assiége,
Jasmins : tout fleurit à la fois.
Allons, fleurs paresseuses,
Jamais printemps ne fut plus doux;
A ses brises heureuses
Épanouissez-vous.

Adieu les froids moroses.
Pour encadrer nos verts enclos,
Voyez partout œillets et roses
Éclos.
Avril aux fleurs que nous cueillons
Rend les baisers des papillons.

Femme, vite en campagne,
C'est la moisson des jardiniers.
Viens, ma brune compagne,
Charger de fleurs tes blonds paniers.
Pars; qu'on admire en ville
Tes étalages si coquets;

Sois aimable, et par mille
Tu vendras tes bouquets.

Adieu les froids moroses.
Pour encadrer nos verts enclos,
Voyez partout œillets et roses
Éclos.
Avril aux fleurs que nous cueillons
Rend les baisers des papillons.

Sous ces soleils de flamme,
Mon jardin semble un vrai sérail.
Chaque fleur y réclame
Autant d'amour que de travail.
Je les marie entre elles
Et puise, en leurs hymens rivaux,
Des fleurs toujours plus belles
Et des parfums nouveaux.

Adieu les froids moroses.
Pour encadrer nos verts enclos,
Voyez partout œillets et roses

Éclos.

Avril aux fleurs que nous cueillons
Rend les baisers des papillons.

Les fleurs sont toutes filles
De Dieu; mais les savants leur ont
 Inventé cent familles
Et des noms qui sont un affront.
 Moi, pauvret, j'imagine
Que Dieu leur fit, dans sa bonté,
 Une même origine :
 Celle de la beauté.

Adieu les froids moroses.
Pour encadrer nos verts enclos,
Voyez partout œillets et roses
  Éclos.
Avril aux fleurs que nous cueillons
Rend les baisers des papillons.

Tout le jour les eaux vives
Qui débordent mon réservoir,

Coulent entre deux rives
Du plus beau vert qu'on puisse voir.
Et de ces eaux rapides
Les flots clairs vont se partager
Entre mes fleurs splendides,
Et mon riant verger.

Adieu les froids moroses.
Pour encadrer nos verts enclos,
Voyez partout œillets et roses
Éclos.
Avril aux fleurs que nous cueillons
Rend les baisers des papillons.

L'agréable et l'utile
Ne sont donc unis nulle part
Mieux qu'en ce coin fertile
Où je vis de travail et d'art.
Là, ma main assidue
Soigne à la fois l'arbre fruitier
Et ces fleurs dont la vue
Charme tant mon métier.

Adieu les froids moroses.
Pour encadrer nos verts enclos,
Voyez partout œillets et roses
   Éclos.
Avril aux fleurs que nous cueillons
Rend les baisers des papillons.

 Que d'heureuses conquêtes
Je vaux aux amants fortunés !
 Dans les bals, dans les fêtes,
Que de fronts purs j'ai couronnés !
 Oh ! que toutes les belles
Du printemps fêtant le retour,
  Parent de fleurs nouvelles
  Les autels de l'Amour.

Adieu les froids moroses.
Pour encadrer nos verts enclos,
Voyez partout œillets et roses
   Éclos.
Avril aux fleurs que nous cueillons
Rend les baisers des papillons.

LA CHANSON DU MINEUR

Air des *Troubadours et Trouvères*. (Béranger.)

Dieu cacha ses plus riches dons
Sous la terre profonde.
Pour en doter le monde
Dans ses abîmes descendons.
Mais de ses veines,
De métaux pleines,
Quand les trésors passent aux mains humaines,
Moi, mineur, pour les recueillir
Je vais m'épuiser et pâlir,
Et sous le sol vivant m'ensevelir.
Malheureux prolétaire,
Creuse et fouille la terre :
Toujours sa soif de ta sueur s'altère.

Dans mon cachot humide et noir,
Avant l'aube je rentre,
Et du fond de cet antre
Je ne sors que bien tard, le soir.
En vain l'aurore
Chaque jour dore
Les bois, les monts et l'Océan sonore.
Le soleil, dont le moissonneur
S'enivre avec tant de bonheur,
Ne luit jamais pour le pauvre mineur !
Malheureux prolétaire,
Creuse et fouille la terre :
Toujours sa soif de ta sueur s'altère.

C'est moi qui, pour tous, vais tailler
Le fer, l'acier, le cuivre ;
Moi qui déterre et livre
La houille pour les travailler.
J'exhume encore
L'or qu'on adore
Des flancs du globe où Dieu le fait éclore.
Et cependant, le croiriez-vous ?

Moi qui verse à flots l'or sur tous,
Je meurs de faim, faute de quelques sous.
Malheureux prolétaire,
Creuse et fouille la terre :
Toujours sa soif de ta sueur s'altère.

Hélas ! qui peut voir sans douleur
Qu'au sein de la patrie,
L'homicide industrie
Affame ainsi le travailleur.
Qu'on se souvienne
Qu'à Saint-Étienne,
Pour apaiser une faim quotidienne,
Quand les mineurs, le bras tendu,
Réclamaient un salaire dû,
La fusillade a seule répondu (8) !
Malheureux prolétaire,
Creuse et fouille la terre :
Toujours sa soif de ta sueur s'altère.

Jamais ma voix en gais refrains
Vers le ciel ne s'élance :

Un éternel silence
Attriste nos froids souterrains.
Nos maux sans nombre,
Soufferts dans l'ombre,
N'ont pour témoin qu'une lampe au feu sombre.
Ces maux, si je les supputais,
Si jamais je les racontais,
On me crîrait : Tu mens !.... et je me tais !
Malheureux prolétaire,
Creuse et fouille la terre :
Toujours sa soif de ta sueur s'altère.

Quoi ! pour jeter le deuil au front
Des siècles qui vont luire,
Nos savants osent dire
Qu'un jour les mines tariront.
Non, ta mamelle,
Vieille Cybèle,
Sera pour l'homme une source immortelle ;
Seulement il faudra qu'alors
Chacun ait sa part des trésors
Que le mineur puise en tes coffres-forts.

Alors le prolétaire
Bénira cette terre
Que sa sueur féconde et désaltère.

LA CHANSON

DU JOUEUR D'ORGUE DE BARBARIE

Air : *Pan, pan, qui frappe dans la rue?*
Citoyens, etc.

Voici la musique ambulante,
L'orgue cher à tous les bambins.
Allons, l'enfance turbulente,
Dansez, sautez, frais chérubins !
Plus d'une mère, je parie,
D'un sou me récompensera.
Toujours l'orgue de Barbarie
Pour les enfants résonnera.

Qui m'appelle en cette demeure?
« Hé! de l'orgue! écoutez-moi donc :
« Nous vous attendons dans une heure,
« Pour commencer le rigodon.
« Dans une heure je me marie;
« Toute la nuit on dansera! »
Toujours l'orgue de Barbarie
Pour le plaisir résonnera.

Débris de la gloire française,
Trois vieillards sont assis là-bas.
Je vais jouer la *Marseillaise :*
C'est l'air qu'ils chantaient aux combats.
L'hymne qui sauva la patrie,
Un instant les rajeunira.
Toujours l'orgue de Barbarie
Pour la France résonnera.

Vieux maestri dont on vénère
Le génie austère ou charmant,
Vos airs n'ont parcouru la terre
Qu'en passant par mon instrument.

Par lui, la foule fut nourrie
De vos plus divins opéra.
Toujours l'orgue de Barbarie
Pour la gloire résonnera.

Jouons près de l'antre où la femme,
Ange qu'on n'a pas soutenu,
Pour un peu de pain vend son âme
Au baiser du premier venu.
Cette âme, colombe flétrie,
Sur mes airs, vers Dieu volera.
Toujours l'orgue de Barbarie
Pour le malheur résonnera.

Le vent d'hiver pleure et s'engouffre
Aux carrefours de la cité.
Consolons le peuple qui souffre,
Par la musique et la gaîté.
Mon singe est maître en jonglerie,
Et pour deux liards il l'égaîra.
Toujours l'orgue de Barbarie
Pour le peuple résonnera !

LA

CHANSON DU MENUISIER-ÉBÉNISTE

Air des *Trois cousines*.

Devant votre établi de chêne,
Chantez, mes jeunes apprentis.
Que votre gaîté se déchaîne
Au bruit aimé de nos outils.

Tandis que la hache au loin taille
Pour nous les arbres les plus beaux,
Aux nœuds de pin livrons bataille (9)
Avec la scie et les rabots.

L'atelier fut ma seule école,
Je grandis au bruit des rabots.
Enfant, j'ai, pour fondre la colle,
Brûlé mes doigts et mes sabots.

A vingt ans, sur le tour de France,
Qu'avec douze francs j'entrepris,
Bien que jeune et plein d'espérance,
Dieu sait seul combien je souffris!

Faim, à qui nul pauvre n'échappe,
Combien de fois je te connus!
Combien de fois j'ai vu l'étape
Rouge du sang de mes pieds nus!

A la brutalité d'un maître,
Aux vieux préjugés du *Devoir* (10),
Qu'il fallut de fois se soumettre
Afin d'avoir du pain le soir!

Mais notre mère, la Bohême,
Contre mes maux et mes chagrins
M'avait armé de son poème
De gais couplets, de doux refrains.

Enfants! après quinze ans d'absence,
J'ai regagné l'humble foyer,

Où je vous donne la science
Qu'au loin, si cher, j'ai dû payer.

Devant votre établi de chêne,
Chantez, mes jeunes apprentis.
Que votre gaîté se déchaîne
Au bruit aimé de nos outils.

Allons, mes enfants, bon courage !
Dieu vous prodigue avec bonté,
Pour vous faire chérir l'ouvrage,
L'art, la jeunesse et la santé.

Courage, car cette semaine,
Un couple tout d'amour s'unit,
Et l'heureux époux se démène
Pour nous faire meubler son nid.

Déjà plusieurs fois en cachette
Sa jeune ardeur m'a relancé :
Dépêchons d'abord sa couchette,
C'est le meuble le plus pressé.

Tandis que du fils qu'elle espère
Son doigt pieux coud le trousseau,
A la femme que Dieu rend mère
Préparons un charmant berceau.

Vite, jeunesse adroite et leste,
Un secrétaire à l'écrivain,
Au prêtre un fauteuil pour la sieste,
Des tables au marchand de vin.

Aux beautés, l'abat-jour qui ferme
Le boudoir à l'œil des jaloux;
La porte massive à la ferme
Qui craint, la nuit, l'assaut des loups!

Dieu, quand l'homme ici-bas dut naître,
Couvrit d'arbres le monde entier.
Façonnons-les à son bien-être :
Il bénira notre métier.

Devant votre établi de chêne,
Chantez, mes jeunes apprentis.

Que votre gaîté se déchaîne,
Au bruit aimé de nos outils.

LA CHANSON

DU FACTEUR DE LA POSTE

Air : *Eh! le cœur à la danse.*

Aux bureaux dont je suis l'agent
    Impassible et fidèle,
J'arrive d'un pas diligent
    Dès qu'un courrier dételle.
   Et joie ou pleurs, à la fois,
   Pleuvent pour tous de mes doigts.

    Du sort la loi profonde
A voulu qu'un pauvre facteur,
    Du grand drame du monde
    Fût le premier acteur.

Quand je cours, chargé de papiers
Que le service apporte,
Grisettes, artistes, banquiers,
M'attendent sur leur porte.
Et plus d'un œil plein d'émoi
Me dit : « N'est-il rien pour moi ? »

Du sort la loi profonde
A voulu qu'un pauvre facteur,
Du grand drame du monde
Fût le premier acteur.

La mère, trêve au deuil amer
Que porte ta tendresse.
Un gros pli, timbré d'outre-mer,
Arrive à ton adresse.
Le fils qu'attend ton amour
T'annonce enfin son retour.

Du sort la loi profonde
A voulu qu'un pauvre facteur,
Du grand drame du monde
Fût le premier acteur.

Mademoiselle,... ce n'est rien :
La lettre est affranchie.
Vous rougissez ?... ce beau vaurien
Vous aura donc fléchie.
Le poulet qui vous émeut,
C'est un rendez-vous qu'on veut.

Du sort la loi profonde
A voulu qu'un pauvre facteur,
Du grand drame du monde
Fût le premier acteur.

Pauvre femme, pauvres marmots,
Vous dont le cœur espère
Que Dieu va, touché de vos maux,
Vous rendre votre père...
Je n'apporte à votre espoir
Qu'une lettre au cachet noir !

Du sort la loi profonde
A voulu qu'un pauvre facteur,
Du grand drame du monde
Fût le premier acteur.

C'est pour toi, jeune étudiant :
    Cette lettre est bien lourde.
Ta mère à ton cri suppliant
    N'aura pas été sourde.
    Tiens, voilà de quoi payer
    Tes amours et ton loyer.

    Du sort la loi profonde
A voulu qu'un pauvre facteur,
    Du grand drame du monde
    Fût le premier acteur.

Margot, de l'armée on t'écrit.
    Tiens, voici qui te touche :
Style, orthographe de conscrit
    Et papier de cartouche.
    Est-ce encore un amoureux ?...
    En as-tu fait des heureux !

    Du sort la loi profonde
A voulu qu'un pauvre facteur,
    Du grand drame du monde
    Fût le premier acteur.

La cour, Monsieur, a fort goûté
>   Votre flatteur poème ;
Aussi sa libéralité
>   Pour vous est-elle extrême.
>   On daigne à vos vers charmants
>   Voter... ces remercîments.

>   Du sort la loi profonde
A voulu qu'un pauvre facteur,
>   Du grand drame du monde
>   Fût le premier acteur.

Banquier, le retard des journaux
>   Aujourd'hui te défrise :
Les chemins de fer, les canaux,
>   Craindraient-ils une crise ?...
>   Cours vite à la Bourse, Hébreu,
Tirer tes marrons du feu.

>   Du sort la loi profonde
A voulu qu'un pauvre facteur,
>   Du grand drame du monde
>   Fût le premier acteur.

Ainsi de l'aube jusqu'au soir,
Chargé de paperasse,
J'accomplis, sans jamais m'asseoir,
Un métier qui harasse.
Aussi, j'en suis sûr, le roi
Dort moins tranquille que moi.

Du sort la loi profonde
A voulu qu'un pauvre facteur,
Du grand drame du monde
Fût le premier acteur.

J'offre à tous des calendriers
A la fin de l'année ;
Et pour me munir de souliers
L'étrenne m'est donnée.
Mon métier de juif-errant
De quoi vivre à peine rend.

Du sort la loi profonde
A voulu qu'un pauvre facteur,
Du grand drame du monde
Fût le premier acteur.

Je cours par la pluie et le vent,
Par les soleils de flammes;
Et je suis un lien vivant
Entre toutes les âmes.
L'écheveau du cœur humain
Se dévide dans ma main.

Du sort la loi profonde
A voulu qu'un pauvre facteur,
Du grand drame du monde
Fût le premier acteur.

LA CHANSON DU MÉCANICIEN

Air : *Bois dans ma coupe, ô messager fidèle,*
Et dors en paix sur le sein de Néris.
(BÉRANGER.)

Au rouge éclat de la forge qui gronde
Armons nos bras des sonores marteaux,

Et, pour la gloire et le bonheur du monde,
Donnons la vie aux rebelles métaux.
Du vieux péché dont nous souilla la femme,
Et qui vouait la terre au sombre enfer,
Le sang du Christ n'a racheté que l'âme,
Mais le génie a racheté la chair !

Oui, vingt mille ans la tache originelle
A nos sueurs mesura notre pain.
Satan joyeux dut la croire éternelle
Jusqu'aux travaux des Watt et des Papin.
Ces demi-dieux, lui dérobant la flamme,
A nos besoins soumirent l'onde et l'air.
Le sang du Christ n'a racheté que l'âme,
Mais le génie a racheté la chair !

Dans les chantiers, les forges, les usines,
Où s'agitaient ses bras noirs et saignants,
L'ouvrier règne : il impose aux machines
Tous les travaux malsains ou répugnants.
La vapeur tonne, et son cri sourd proclame
Libre aujourd'hui tout peuple esclave hier.

Le sang du Christ n'a racheté que l'âme,
Mais le génie a racheté la chair !

Franchir les flots jadis fut un supplice ;
D'un vent propice il fallait le secours.
De Ténédos aux bords d'Ithaque, Ulysse
Resta dix ans : il nous faudrait trois jours !
Sur nos vaisseaux, bras d'hommes, voile et rame
Sont remplacés par deux ailes de fer.
Le sang du Christ n'a racheté que l'âme,
Mais le génie a racheté la chair !

Longtemps on vit la boue et la poussière
Des grands chemins, et le sable des gués,
Du voyageur qui parcourait la terre
Meurtrir les pieds sanglants et fatigués.
Mais aujourd'hui, sur des chars qu'on enflamme,
Il court, il vole, aussi prompt que l'éclair.
Le sang du Christ n'a racheté que l'âme,
Mais le génie a racheté la chair !

Oui, le génie a conquis la matière.

Les éléments par lui sont transformés.
L'humanité va jouir tout entière
Des biens que Dieu sous nos pas a semés.
A chaque plaie on trouve un saint dictame,
Chaque jour l'homme à Dieu devient plus cher.
Le sang du Christ n'a racheté que l'âme,
Mais le génie a racheté la chair!

LA CHANSON DU PERRUQUIER

Air espagnol *de la Caramba!*

Adieu mes songes du bel âge,
   Mon printemps si gai!
Je viens mourir dans mon village,
   Pauvre et fatigué.
Jeune, à coiffer des fronts illustres,
   Et, les ans venus,

A raser le menton des rustres,
J'ai ramassé douze grands lustres
    Pour tous revenus.

Un coiffeur chercher la Fortune !
    Rêve d'étourdi !
Autant vaudrait chercher la lune
    Au ciel, à midi.
Comment saisir l'aveugle folle
    Qui, dans ma maison,
Sur la lame d'un rasoir vole,
Et distille l'eau du Pactole
    En eau de savon ?...

Pourtant, soyons fiers, nous, les prêtres
    De la propreté,
Car, parmi nous, de nos ancêtres
    L'esprit est resté.
Et quoi qu'en disent les poètes,
    La poudre à canon
N'a pas fait autant de conquêtes
Que la poudre dont les coquettes

Doraient leur chignon.

Oh ! que de fois ma main brûlante
    Sous le peigne d'or,
D'une chevelure opulente
    Comprima l'essor !
Pour cueillir des boucles rebelles,
    Qu'il fallut de fois
Entr'ouvrir de fines dentelles,
Et sur le sein même des belles
    Égarer mes doigts !

Mais du ciel chaque jour l'artiste
    Tombe en un bourbier.
D'heureux et beau, me voilà triste,
    De coiffeur, barbier.
Au moins si, comme on le raconte,
    Nous pouvions encor
Vendre de l'esprit à gros compte
Et devenir l'ami d'un comte
    Aux goussets pleins d'or !...

Las ! adieu l'époque brillante
    Où les Figaros
De toute aventure galante
    Étaient les héros ;
Où, des châteaux forçant la grille,
    Leur main d'enchanteur,
Au profit d'un amant qui grille,
Enlevait une jeune fille
    A son vieux tuteur ;

Où, par d'innocents vénéfices
    Sur des corps très-sains,
Ils écornaient les bénéfices
    Des grands médecins ;
Où leur importance était telle,
    Que papes et rois,
Au scandale d'une querelle,
Exposèrent vingt fois pour elle
    Le sceptre et la croix ! (11)

Aujourd'hui, toute cette gloire
    Ne rayonne plus,

Et ne vit que dans la mémoire
De quelques élus.
Mais, si grand que soit un naufrage,
Sur le flot altier
Toujours quelque chose en surnage :
Il nous reste, outre le courage,
L'amour du métier.

Il nous reste la renommée,
L'esprit pétillant,
Et la savonnette embaumée
Et le linge blanc ;
Et le fauteuil héréditaire, (12)
Au dossier sculpté,
Où, bonne fille et familière,
La noble muse de Molière
Puisa sa gaîté.

C'est chez nous, dans notre boutique,
Que, de vive voix,
On contrôle la politique,
On juge les rois.

Malheur aux sots qu'on y condamne !
On sait qu'un de nous,
Un barbier, sur un royal crâne,
Découvrit des oreilles d'âne
Et l'apprit à tous !

LA CHANSON DU CORDONNIER

Air : *La bonne aventure, ô gué !*

Ma foi ! contre saint Crépin
Tout haut je grommelle.
De laisser ses fils sans pain
Le patron se mêle.
Vainement à nos Solons
De nos maux nous appelons.
Battons la semelle,
Allons !

Battons la semelle.

Notre salaire est réduit
    D'une façon telle
Qu'au char noir qu'elle conduit
    La faim nous attelle ;
Jusqu'à minuit nous veillons
Pour du pain et des haillons.
    Battons la semelle,
        Allons !
    Battons la semelle.

Pourtant, au bien-être humain
    Ma main fraternelle
Autant que toute autre main
    Est essentielle.
Sans moi que de beaux pieds blonds
Gelés par les aquilons !...
    Battons la semelle,
        Allons !
    Battons la semelle.

Les femmes, brillant essaim,
Doivent à mon zèle
Le doux brodequin qui ceint
Leurs pieds de gazelle.
Je fais à ces papillons
Des ailes pour les salons.
Battons la semelle,
Allons !
Battons la semelle.

Aux laboureurs, aux rouliers
Qu'à chausser j'excelle,
Je couds d'aussi forts souliers
Qu'une citadelle.
Et je ferre leurs talons
Comme ceux des étalons.
Battons la semelle,
Allons !
Battons la semelle.

A la guinguette jadis,
Sous une tonnelle,

Nous fêtions de nos lundis
Le retour fidèle.
Plus de ces gais réveillons !
Dans mon cachot de moellons,
Battons la semelle,
Allons !
Battons la semelle.

Mes fils, sur un lit usé
Couchés pêle-mêle,
De leur mère ont épuisé
La maigre mamelle.
On mange à ces oisillons
Leur part du grain des sillons.
Battons la semelle,
Allons !
Battons la semelle.

Aussi, quand le peuple, à flots
Que la faim harcèle,
Lassé de ses vains sanglots,
S'arme et s'amoncelle;

Quand grondent les noirs tromblons,
Ce n'est pas nous qui tremblons !
   Battons la semelle,
      Allons !
   Battons la semelle.

Espérons que le Seigneur,
   D'où tout bien ruisselle,
Fera pour tous du bonheur
   Luire une étincelle.
Oui, de l'avenir parlons,
Et vaillamment travaillons.
   Battons la semelle,
      Allons !
   Battons la semelle.

L'avenir !... à deux genoux
   Le pauvre l'appelle.
Oh ! qu'il abrége pour nous
   L'attente cruelle !
Pour trouver les jours moins longs,
Chantons, aimons, consolons.

Battons la semelle,
Allons !
Battons la semelle.

LA CHANSON DU FONDEUR

Air : *De l'ombre d'Anacréon.*

PREMIER FONDEUR.

Comme la mer, en ses nuits de courroux,
Hurle et bouillonne aux pieds de la falaise,
Entendez-vous, fondeurs, entendez-vous
L'airain bouillant mugir dans la fournaise ?
Debout, intrépides fondeurs !
Sous le creuset roulez le moule ;
Et dans ses noires profondeurs (*bis*)
Qu'à flots de feu le bronze coule,
Le bronze coule !

CHŒUR DES FONDEURS.

Et dans ses noires profondeurs (*bis*)

Qu'à flots de feu le bronze coule,
Le bronze coule!

PREMIER FONDEUR.

L'argile est là : que va-t-il en sortir?...
Vous le savez, car vos doigts l'ont pétrie.

DEUXIÈME FONDEUR.

C'est le portrait d'un auguste martyr
Mort au combat pour sauver la patrie.
Bientôt nos bras, avec bonheur,
Vont le présenter à la foule.....
Gloire au héros! en son honneur (*bis*)
Qu'à flots de feu le bronze coule,
Le bronze coule !

CHŒUR DES FONDEURS.

Gloire au héros! en son honneur (*bis*)
Qu'à flots de feu le bronze coule,
Le bronze coule!

PREMIER FONDEUR.

Qui jaillira de ce moule massif?.....

D'un immortel est-ce encor la statue ?

DEUXIÈME FONDEUR.

C'est un canon ! — qu'il dorme inoffensif !

PREMIER FONDEUR.

Mais, s'il le faut, qu'il résonne et qu'il tue.
Si le Nord fond sur nos climats,
Que notre canon le refoule.
Pour le river à ses frimas (*bis*)
Qu'à flots de feu le bronze coule ;
Le bronze coule !

CHŒUR DES FONDEURS.

Pour le river à ses frimas (*bis.*)
Qu'à flots de feu le bronze coule,
Le bronze coule !

PREMIER FONDEUR.

Un autre moule est porté dans ces lieux ?...

DEUXIÈME FONDEUR.

En lui, les arts que Dieu guide et féconde,

Ont dessiné mille objets merveilleux
Qui tripleront le bien-être du monde.
 Ce sont ces chefs-d'œuvre de goût
 Que l'industrie aux yeux déroule.
 Pour que l'art soit béni partout (*bis*)
 Qu'à flots de feu le bronze coule,
  Le bronze coule !

CHŒUR DES FONDEURS.

Pour que l'art soit béni partout (*bis*)
Qu'à flots de feu le bronze coule,
 Le bronze coule !

PREMIER FONDEUR.

Un dernier moule, amis, attend son tour?...

DEUXIÈME FONDEUR.

C'est un beffroi dont la voix grave et claire
Va, sur le peuple, épancher tour à tour
L'amour, le deuil, l'ivresse et la colère !
 Vous l'entendrez vibrer demain

Pour tout ce qui naît ou s'écroule,
Pour cet écho du genre humain (*bis*)
Qu'à flots de feu le bronze coule,
    Le bronze coule!

CHŒUR DES FONDEURS.

Pour cet écho du genre humain (*bis*)
Qu'à flots de feu le bronze coule,
    Le bronze coule!

PREMIER FONDEUR.

Ainsi l'on voit sous un même étendard
Marcher de front artistes et manœuvres :
C'est le fondeur qui vulgarise l'art,
Qui du génie éternise les œuvres.
    Il rend immortel par l'airain
    Tout héros qu'aux pieds la mort foule.
    Le creuset bout ; fondeurs, en train ; (*bis*)
    Qu'à flots de feu le bronze coule,
        Le bronze coule!

CHŒUR DES FONDEURS.

Le creuset bout; fondeurs, en train; (*bis*)
Qu'à flots de feu le bronze coule,
Le bronze coule!

LA CHANSON DU PILOTE

Air : *La mer m'attend: je vais partir demain,*
Sœur, laisse-moi, j'ai vingt ans, je suis homme.
(Romance bretonne.)

— Qui, dans la nuit, a prononcé mon nom?...
— Dors, mon ami... c'est la mer qui sanglote.
— Non, c'est un brick appelant le pilote;
Tu me trompais, femme : c'est le canon!

— Ah! Pierre, dors tranquille;
La mer, sur la presqu'île,
Déferle avec fureur.
Pierre, crois ma terreur,

N'écoute pas ton funeste transport.
— Adieu, dit-il ; prie en notre cabane ;
Le navire au large est en panne.
Le devoir me condamne
A le conduire au port !

Sur l'Océan qu'agitent les vents sourds,
La pauvre femme a fixé sa paupière ;
Et sur les flots, la barque où vogue Pierre
Roule et bondit et s'éloigne toujours.
— Jadis, à pareille heure,
Un frère que je pleure,
Disait-elle, partit.....
Et la mer l'engloutit !
Et Pierre, hélas ! s'expose au même sort !
En ce moment peut-être qu'il chavire
Ou qu'au fond du golfe il expire...
Dieu, guide le navire
Et le pilote au port !

— Holà, du brick ? bonne nuit ; me voici.
L'ombre est bien noire et les vagues sont hautes.

Pourquoi si tard atterrir sur nos côtes ?
Braves marins, d'où venez-vous ainsi ?...
>Vite, changez d'amures...
>Écoutez ces murmures ;
>C'est la marée... il faut
>Profiter de son flot.

Hé ! timonier, la barre sur bâbord.
N'entends-tu pas, sur les flancs de la roche,
>La mer mugir à notre gauche ?
>Enfants, le brick approche,
>Nous entrons dans le port.

Quand il revint elle priait encor,
L'œil plein de pleurs et le cœur gros d'angoisse.
Un cierge blanc, bénit dans sa paroisse,
Se consumait près d'un crucifix d'or.
>— Quoi, dit-il, des reproches ?...
>Quand, sans moi, sur les roches
>Navire et matelots
>Dévorés par les flots...

— N'achève pas, cria-t-elle ; j'ai tort.
Vole toujours, vole où le danger presse.

Mais pardonne-moi ma tendresse,
Au nom de l'allégresse
Qui par toi règne au port !

LA CHANSON DU SOUFFLEUR

Air :

Vieux souffleur, dans ta niche
Monte vite, et tiens bien
Le doigt sur l'hémistiche,
L'œil sur le comédien.

Ce soir un auteur nous révèle
Son génie encore inconnu.
Affriandé par la nouvelle,
Le public en masse est venu.
Aussi, voyant la salle pleine,
Le directeur est transporté,
Et le régisseur, hors d'haleine,

Par Satan semble tourmenté.

> Vieux souffleur, dans ta niche
> Monte vite, et tiens bien
> Le doigt sur l'hémistiche,
> L'œil sur le comédien.

A mesure que l'heure approche,
On voit les acteurs attardés,
Au sévère appel de la cloche
Courir comme des possédés.
Voici, drapé dans sa misère,
Le tragique, viveur joufflu,
Manquant toujours du nécessaire
Par trop d'amour du superflu.

> Vieux souffleur, dans ta niche
> Monte vite, et tiens bien
> Le doigt sur l'hémistiche,
> L'œil sur le comédien.

Puis, voici deux vieillards ignobles
Dont la tête est en désarroi;

On les appelle pères nobles :
Ils ont l'air nobles comme moi !
Hargneux, mécontents de leurs rôles,
Grondant les jeunes comédiens,
Sur mon compte seul ces vieux drôles
Mettent leurs fiascos quotidiens.

 Vieux souffleur, dans ta niche
 Monte vite, et tiens bien
 Le doigt sur l'hémistiche,
 L'œil sur le comédien.

Ah ! voici la jeune première ;
Sa mémoire est un vrai chaos
Où je ne porte la lumière
Qu'en soufflant à sécher mes os.
Ces beautés dont l'œil et les lèvres
Rayonnent d'un charme enivrant,
Sur la scène, comme les lièvres,
Perdent la mémoire en courant.

 Vieux souffleur, dans ta niche
 Monte vite, et tiens bien

Le doigt sur l'hémistiche,
L'œil sur le comédien.

En voici trente autres encore :
Utilités et cabotins,
Sots que la vanité dévore,
De Talma rêvant les destins.
Au grand Molière, au grand Corneille,
Lorsque la France applaudissait,
Le quart d'une troupe pareille
A leurs chefs-d'œuvre suffisait.

Vieux souffleur, dans ta niche
Monte vite, et tiens bien
Le doigt sur l'hémistiche,
L'œil sur le comédien.

Aujourd'hui, c'est tout autre chose :
Le gaz a chassé les quinquets,
La muse a fait place à la prose,
Les petits vers aux gros bouquets.
J'en suis la première victime :
Jadis, l'acteur pouvait parler

Toute une heure, aidé par la rime,
Sans que j'eusse mot à souffler.

 Vieux souffleur, dans ta niche
 Monte vite, et tiens bien
 Le doigt sur l'hémistiche,
 L'œil sur le comédien.

Depuis quarante ans, sur ces planches,
Au front des artistes rivaux,
J'ai vu tomber par avalanches
Les couronnes et les bravos.
Mais jamais la foule marâtre
N'a daigné jeter une fleur
Au patriarche du théâtre,
Au vieux et modeste souffleur!

 Vieux souffleur, dans ta niche
 Monte vite, et tiens bien
 Le doigt sur l'hémistiche,
 L'œil sur le comédien.

Paoum! paoum!.. Dieu, voilà qu'on commence!

Le tragique marche à grands pas,
Rugit d'amour et de démence.....
Et le public n'applaudit pas!
Qu'à sa langue, au galop lancée,
Le démon tende ses filets,
Et voilà la pièce enfoncée
Sous un déluge de sifflets!

 Vieux souffleur, dans ta niche
 Monte vite, et tiens bien
 Le doigt sur l'hémistiche,
 L'œil sur le comédien.

LA CHANSON DU RÉMOULEUR

Air : *Alleluia.*

Dès qu'au ciel le jour s'est levé,
Ma brouette bat le pavé,
Et partout mon cri retentit :
 Gagne-petit!

Et bottiers, marmitons, tailleurs,
Tout un monde de travailleurs
Accourt au cri qui l'avertit :
  Gagne-petit !

Le cuisinier fait repasser
Le couteau qui l'aide à percer
Le cou du gibier qu'il rôtit.
  Gagne-petit !

Le tailleur confie à mes soins
L'outil qui taille à nos besoins
L'étoffe dont il nous vêtit.
  Gagne-petit !

Puis, c'est le tranchet du bottier,
L'herminette du charpentier,
Qui des hivers nous garantit.
  Gagne-petit !

D'un métier que, jeune, j'aimais,
Le public que je sers, jamais

Par ma paresse ne pâtit.

  Gagne-petit !

Oui, depuis quarante ans, mes doigts
Ont rémoulé, sans qu'une fois
Mon ardeur ne se ralentît.

  Gagne-petit !

J'avais dix ans. Ma mère, un jour,
Triste, me dit : « Pars à ton tour.
« Fais-toi pour vivre, mon petit,

  « Gagne-petit ! »

Mais, hélas ! quelques mois après,
Au toit lointain que je pleurais,
Ma mère pour le ciel partit.

  Gagne-petit !

Alors, comme l'oiseau de l'air
Qui cherche un nid contre l'hiver,
Dans l'hymen mon cœur se blottit.

  Gagne-petit !

Ces trois gros moutards qu'en chemin
Ma femme conduit par la main,
Veut-on savoir qui les bâtit ?
   Gagne-petit !

Je ne puis, en rentrant le soir,
Leur apporter que du pain noir,
Mais ils ont si bon appétit !
   Gagne-petit !

Trouve qui voudra le sort dur.
Moi je chéris le rôle obscur
Dont la misère m'investit.
   Gagne-petit !

Fi de l'ambition, ma foi !
Pour le gueux, comme pour le roi,
Je sais où la vie aboutit.
   Gagne-petit !

Je me fais vieux : j'ai cinquante ans.
Mais ma gaîté nargue le temps

Qui sur mon front s'appesantit.
>Gagne-petit!

Tourne ta meule, rémouleur !
Qu'au tombeau, sans trop de douleur,
Descende petit à petit
>Gagne-petit!

LA CHANSON DE L'HORLOGER

Air : *Est-il farceur l'acteur Philippe!*
Ou *Dévots, baisez donc mes reliques.*

Homme de talent et de goût,
Assis derrière un beau vitrage,
De la gelée et des feux d'août
L'horloger brave en paix l'outrage.
Aussi, quand tout sot mécontent
Maudit son sort ou le chansonne,
L'horloger, loin d'en faire autant,

Travaille et fête en les chantant
Les heures que l'horloge sonne. (*bis*)

Dans l'ordre du travail humain,
De tous les métiers que l'on vante
Nul autre n'exige une main
Plus délicate et plus savante.
Supposez que quelque étourdi
Touche aux ressorts que je façonne :
Le soleil, au disque arrondi,
Se couchera lorsque midi
Douze coups sur l'horloge sonne. (*bis*)

Les montres qu'on vend par milliers,
Travailleurs, mesurent les heures
Du travail dans vos ateliers
Et du repos dans vos demeures.
Que de services importants
Je rends à chaque homme en personne!
Pour rappeler le prix du temps
A qui gaspille ses instants
Mon reproche à l'horloge sonne. (*bis*)

Débiteur, gare aux noirs huissiers,
Compte des fonds pour ta créance :
La montre de tes créanciers
Marque l'heure de l'échéance.
Et toi, qui sais te ménager
Un rendez-vous que je soupçonne,
Jeune amant, bénis l'horloger,
Car, avec l'heure du berger,
Ton bonheur à l'horloge sonne. (*bis*)

On dit, et j'en prends mon parti,
Que toute montre qu'on fabrique
Donne un éclatant démenti
A l'heure que sa sœur indique.
Mais, dotant d'un meilleur ressort
Tout vieux cadran qui déraisonne,
J'espère un jour mettre d'accord
Le soleil qui n'a jamais tort
Et l'heure que l'horloge sonne. (*bis*)

Mon métier est universel,
Il a le monde pour domaine !

Sur le cours des astres du ciel
Il règle l'existence humaine.
Par la voix grave de l'airain
Sa gloire dans les airs résonne,
Et, qu'il soit pâtre ou souverain,
Partout l'homme entend mon refrain
Chaque fois qu'une horloge sonne (*bis*).

LA CHANSON

DU PEINTRE EN BATIMENTS

Air : *Pan, pan, pan,* (bis) *venez à ma forge,*
Serrurier galant; oui, c'est moi qui m'appelle George.

Barbouilleurs
De couleurs,
Fêtons nos dimanches;
Mais, gais travailleurs,
Le lundi retroussons nos manches;

Barbouilleurs
De couleurs,
Fêtons nos dimanches;
C'est bien le moins qu'à table assis,
On trinque un jour sur six.

Pendant toute la semaine
Rivés dans un magasin,
Le bourgeois sur nous promène
Ses prunelles d'argousin;
Loin de son infect domaine
Buvons le jus du raisin.

Barbouilleurs
De couleurs,
Fêtons nos dimanches;
Mais, gais travailleurs,
Le lundi retroussons nos manches;
Barbouilleurs
De couleurs,
Fêtons nos dimanches;
C'est bien le moins qu'à table assis
On trinque un jour sur six.

Malheur à qui se destine,
S'il n'a des poumons de fer,
A vivre en notre sentine
Dont un poison corrompt l'air.
L'ocre et la térébenthine
L'expédîront pour l'enfer.

Barbouilleurs
De couleurs,
Fêtons nos dimanches;
Mais, gais travailleurs,
Le lundi retroussons nos manches;
Barbouilleurs
De couleurs,
Fêtons nos dimanches;
C'est bien le moins qu'à table assis
On trinque un jour sur six.

Depuis le salon des maîtres
Jusqu'au chenil des valets,
Nous peignons portes, fenêtres,
Persienne, abat-jour, volets,

Et nous savons tous les êtres
De l'échoppe et du palais.

Barbouilleurs
De couleurs,
Fêtons nos dimanches;
Mais, gais travailleurs,
Le lundi retroussons nos manches;
Barbouilleurs
De couleurs,
Fêtons nos dimanches;
C'est bien le moins qu'à table assis,
On trinque un jour sur six.

Au public le peintre enseigne
Tous les marchands, et par lui
En traits d'or sur une enseigne
Plus d'un nom de rustre a lui.
Parfois notre cœur en saigne,
Mais rions-en aujourd'hui.

Barbouilleurs
De couleurs,

Fêtons nos dimanches ;
Mais, gais travailleurs,
Le lundi retroussons nos manches ;
Barbouilleurs
De couleurs,
Fêtons nos dimanches ;
C'est bien le moins qu'à table assis,
On trinque un jour sur six.

Pour un drapeau rouge ou blême,
Peuple aux instincts querelleurs,
Nous nous jetons l'anathème,
Nous nous forgeons des malheurs.
N'ayons donc plus qu'un emblème,
Mêlons toutes les couleurs.

Barbouilleurs
De couleurs,
Fêtons nos dimanches ;
Mais, gais travailleurs,
Le lundi retroussons nos manches.
Barbouilleurs
De couleurs,

Fêtons nos dimanches ;
C'est bien le moins qu'à table assis,
On trinque un jour sur six.

LA CHANSON DU POSTILLON

Air : *Au galop, au galop !*

En avant, en avant,
Galopez, cavales
Rivales !
En avant, en avant :
Que vos pieds devancent le vent !

Clic, clac, clic, clac ! voyez dans l'air
Passer comme l'éclair
Mon fouet flexible et mince.
Gare à vous, gare les badauds :
Sous l'acier des sabots
Déjà le pavé grince.

En avant, en avant,
Galopez, cavales
Rivales!
En avant, en avant,
Que vos pieds devancent le vent!

Me voici sur le grand chemin,
Les rênes à la main
Et bercé sur mon siége,
Où, dès qu'en partant je m'assieds,
Je chante et foule aux pieds
Le souci qui m'assiége.

En avant, en avant,
Galopez, cavales,
Rivales!
En avant, en avant,
Que vos pieds devancent le vent.

Je me sens frappé de stupeur
Quand j'entends la vapeur
Qui dévore l'espace,

Crier : A bas le postillon !
Qu'il baisse pavillon
Devant qui le dépasse.

En avant, en avant,
Galopez, cavales
Rivales !
En avant, en avant,
Que vos pieds devancent le vent.

Bah ! que jamais de vains regrets
N'entravent le progrès
Pour un métier qu'il tue.
La vapeur, au rapide essor,
Chez nous ne marche encor
Qu'au pas de la tortue.

En avant, en avant,
Galopez, cavales
Rivales !
En avant, en avant,
Que vos pieds devancent le vent.

Longtemps on verra les chevaux
Traîner par monts et vaux,
Sur les routes pavées,
Les millionnaires ennuyés,
Les artistes choyés,
Les filles enlevées!

En avant, en avant,
Galopez, cavales
Rivales!
En avant, en avant,
Que vos pieds devancent le vent.

Si la locomotive un jour
Doit briser sans retour
Nos bras et notre gloire,
D'avance il faut nous en venger :
Qui voudra voyager
Triplera le pour-boire.

En avant, en avant,
Galopez, cavales
Rivales!

En avant, en avant,
Que vos pieds devancent le vent.

Qu'il est beau d'être postillon !
Voyez quel tourbillon
De bruit et de poussière,
Son passage, ou plutôt son vol,
En effleurant le sol
Laisse dans la carrière !

En avant, en avant,
Galopez, cavales
Rivales !
En avant, en avant,
Que vos pieds devancent le vent.

Être postillon, c'est, ma foi !
Avoir la terre à soi
Qu'on a franchie et vue ;
Enfin, c'est être un souverain
Qui passe à fond de train
L'univers en revue.

En avant, en avant,
Galopez, cavales
Rivales !
En avant, en avant,
Que vos pieds devancent le vent.

LA CHANSON DU PÊCHEUR

Air de *Don César de Bazan.*

Alerte, amis ! la brise est fraîche,
La lune argente nos agrès.
C'est un bon signe pour la pêche,
Quittons la terre sans regrets.
Pour conjurer les vents contraires,
Revêtez vos épais cabans ;
Embarquez, embarquez, mes frères,
Et prenez place sur vos bancs.

Allons chercher sur l'onde

Un pain comme elle amer ;
Au vent qui nous seconde
Larguons la voile blonde :
Pêcheurs, en pleine mer,
En pleine mer !

Mes amis, notre bras défriche
Le vaste champ des flots salés.
A garnir la table du riche
C'est nous qui sommes appelés.
Et pourtant quel riche se doute,
Lui qui de tous biens fait moisson,
Des rudes labeurs que nous coûte
La capture d'un beau poisson ?...

Allons chercher sur l'onde
Un pain comme elle amer ;
Au vent qui nous seconde
Larguons la voile blonde :
Pêcheurs, en pleine mer,
En pleine mer !

La peinture et la poésie

Dans notre vie ont récolté ;
Mais ces deux arts ne l'ont saisie
Que par son plus saillant côté.
Ils ont peint nos terreurs sublimes,
Nos beaux jours au calme rendus ;
Mais dans nos souffrances intimes
Jamais ils ne sont descendus.

   Allons chercher sur l'onde
   Un pain comme elle amer ;
   Au vent qui nous seconde
   Larguons la voile blonde :
   Pêcheurs, en pleine mer,
      En pleine mer !

Oh ! sentir, comme une couleuvre,
L'écoute qui siffle et se tord,
Raide et rebelle à la manœuvre
Qui doit vous sauver de la mort !
Ou bien tirer des flots livides,
Après trois jours d'efforts constants,
Des filets déchirés..... et vides !
Voilà qui rend chauve à trente ans !

Allons chercher sur l'onde
Un pain comme elle amer;
Au vent qui nous seconde
Larguons la voile blonde :
Pêcheurs, en pleine mer,
  En pleine mer!

Cependant de sa part de joie
Nul de nous n'est déshérité,
Les enfants que Dieu nous envoie
Sont pleins de force et de santé.
Quel plaisir de manger la pêche
Avec eux, après le travail,
Ayant pour fauteuil l'algue sèche
Et pour table le gouvernail.

Allons chercher sur l'onde
Un pain comme elle amer;
Au vent qui nous seconde
Larguons la voile blonde :
Pêcheurs, en pleine mer,
  En pleine mer!

Bonsoir, les enfants et les femmes !
Dormez tranquilles dans vos draps.
Le vent est bon ; les longues rames
Ne fatigueront pas nos bras.
Demain, en rouvrant la paupière,
Égrenez votre chapelet,
Pour que le Dieu de Simon-Pierre
Remplisse aussi notre filet.

 Allons chercher sur l'onde
 Un pain comme elle amer ;
 Au vent qui nous seconde
 Larguons la voile blonde :
 Pêcheurs, en pleine mer,
  En pleine mer !

Et toi, dont nos pieuses mères
Suspendent l'image à nos cous,
Aplanis les vagues amères,
Abrite-nous contre leurs coups.
Tiens notre timon, ô Madone !
Quand rugit l'ouragan cruel ;

Et si l'espoir nous abandonne
Apparais-nous sur l'arc-en-ciel! (13)

 Allons chercher sur l'onde
 Un pain comme elle amer;
 Au vent qui nous seconde
 Larguons la voile blonde :
 Pêcheurs, en pleine mer,
  En pleine mer!

LA CHANSON DU DOMESTIQUE

Air : *Allez, enfants, mais n'éveillez personne;
Mon médecin m'ordonne le repos.*
BÉRANGER.

Nul, ici-bas, c'est chose affreuse à dire,
S'il n'a souffert, ne peut être complet.
Pour mon métier, obscur et long martyre,
J'eus au début tout l'orgueil d'un valet.

Mais que d'affronts, que de larmes amères
J'ai dévorés au service des grands!...
Accueillez-moi, vieux travailleurs, mes frères;
Par la douleur j'ai place dans vos rangs.

L'oisiveté corrompit ma jeunesse,
J'avais horreur du travail et de vous,
Et, pour vous fuir, aux pieds de la richesse,
Vil renégat, je courbai les genoux.
Dieu m'a puni : dans tous les millionnaires
Que j'ai servis, j'ai trouvé des tyrans.
Accueillez-moi, vieux travailleurs, mes frères;
Par la douleur j'ai place dans vos rangs.

Ces beaux laquais dont l'imbécile admire
Les galons d'or et l'élégant habit,
Sont chaque jour le but, le point de mire
De tous les maux que leur maître subit.
A ses desseins si les cieux sont contraires,
De ses ennuis ses valets sont garants.
Accueillez-moi, vieux travailleurs, mes frères;
Par la douleur j'ai place dans vos rangs.

Et ce n'est pas le maître seul qui blâme,
Insulte et bat le pauvre qui le sert;
Mais ses amis, ses enfants et sa femme,
Plus haut que lui chantent dans ce concert.
J'ai trop souffert ces barbares colères,
Dont ma fierté grossissait les torrents.
Accueillez-moi, vieux travailleurs, mes frères;
Par la douleur j'ai place dans vos rangs.

C'est en tremblant de honte et d'épouvante
Que je demande à m'asseoir parmi vous :
Chacun de vous de son métier se vante,
Mais moi, le mien, fut le dernier de tous.
A vous mon cœur, plein de remords sincères,
Qui resta peuple et qu'au peuple je rends.
Accueillez-moi, vieux travailleurs, mes frères;
Par la douleur j'ai place dans vos rangs.

Oui, mes amis, j'ai brûlé la livrée
Qui m'attira vos rires insultants.
Grâces au ciel, ma vie est délivrée
Du lourd fardeau qui l'écrasa vingt ans.

Je viens sans peur partager les misères
Que le travail lègue à ses vétérans.
Accueillez-moi, vieux travailleurs, mes frères;
Par la douleur j'ai place dans vos rangs.

LA CHANSON DU BOUCHER

Sur l'air du *Tra deri-dera.*

Puisqu'un garçon boucher, parmi vous, mes amis,
En qualité de frère, a l'honneur d'être admis,
Souffrez qu'il vous imite et veuillez, s'il vous plaît,
Sur l'état qu'il professe écouter son couplet.

> Sur l'air du tra la la la,
> Sur l'air du tra la la la,
> Sur l'air du tra deri dera,
> Tra la la.

D'abord, bien que ses mains se rougissent de sang,
Autant qu'aucun de vous il se croit innocent.

Il n'est pas de métier qui se passe du sien,
Car nul de vous, messieurs, n'est pythagoricien.

>   Sur l'air du tra la la la,
>   Sur l'air du tra la la la,
>   Sur l'air du tra deri dera,
>   Tra la la.

Dans mon beau magasin éclatant de vernis,
Pendent des râteliers qu'avec soin je garnis ;
Et tout ce qu'à ses murs je range en bataillon,
Du pays de Cocagne offre un échantillon.

>   Sur l'air du tra la la la,
>   Sur l'air du tra la la la,
>   Sur l'air du tra deri dera,
>   Tra la la.

Chez moi jambons, biftecks, côtelettes, filets,
Feraient pâmer d'extase un gastronome anglais.
La pratique éblouie, en peine de choisir,
N'a pas même le temps d'exprimer un désir.

>   Sur l'air du tra la la la,

Sur l'air du tra la la la,
Sur l'air du tra deri dera,
Tra la la.

Les troupeaux ont, ma foi ! beau pousser des hélas,
Il faut, pour vous nourrir, jouer du coutelas :
Plus d'un qui, sans horreur, ne pourrait voir ce fer,
Mange la viande avec un aprétit d'enfer.

Sur l'air du tra la la la,
Sur l'air du tra la la la,
Sur l'air du tra deri dera,
Tra la la.

Je suis d'un naturel facétieux et doux,
Mais les jours de vigile excitent mon courroux,
Et je me sens heureux lorsqu'au nez des bigots,
Je vois en plein carême acheter des gigots.

Sur l'air du tra la la la,
Sur l'air du tra la la la,
Sur l'air du tra deri dera.
Tra la la.

Mes braves travailleurs, vous trouvez que la chair
Pour vous qui gagnez peu, se vend encor trop cher :
Sachez qu'à la frontière, à grands renforts d'impôts,
La douane, aux doigts crochus, arrête les troupeaux.

  Sur l'air du tra la la la,
  Sur l'air du tra la la la,
  Sur l'air du tra deri dera,
   Tra la la.

Sans le douanier maudit, le bétail étranger
Sur nos marchés déserts pleuvrait à regorger.
Tâchons donc d'abolir cet impôt odieux,
Moi, pour tripler ma vente, et vous pour manger mieux.

  Sur l'air du tra la la la,
  Sur l'air du tra la la la,
  Sur l'air du tra deri dera,
   Tra la la.

LA CHANSON DU SOLDAT

Air :

D'Afrique, après cinq ans d'absence,
Le régiment est de retour.
Vive notre mère la France,
Qu'appelait de loin notre amour.
Oublions et la Barbarie,
Et ses homicides chaleurs.
Voici le ciel, voici les fleurs
Et les vignes de la patrie.

Pour la France battons un ban,
    Ra pa ta plan.
A sa gloire trinquons ensemble,
Quand nous chantons, l'Europe tremble :
    Ra pa ta plan,
    Ra pa ta plan !

Je suis fils d'un vieux de la vieille.
Jeunes gens avec qui je bois,
Tout en vidant notre bouteille,
Sachez mes maux et mes exploits.
Si mon odyssée est obscure,
Elle est sans tache, et puissiez-vous
A mon âge connaître tous
Le bonheur qu'un tel bien procure !

Pour la France battons un ban,
  Ra pa ta plan.
A sa gloire trinquons ensemble:
Quand nous chantons, l'Europe tremble :
  Ra pa ta plan,
  Ra pa ta plan !

J'ai fait ma première campagne
A l'ombre de l'étendard blanc.
J'ai vu le fier peuple d'Espagne
Devant nous reculer tremblant.
Mais, qu'il soit blanc ou tricolore,
Quand la France arbore un drapeau,
Le monde lève le chapeau :

C'est la victoire qu'elle arbore !

Pour la France battons un ban,
    Ra pa ta plan.
A sa gloire trinquons ensemble.
Quand nous chantons, l'Europe tremble :
    Ra pa ta plan,
    Ra pa ta plan !

L'armée, après les Trois-Journées,
Aurait reconquis l'univers.
Mais ses cohortes refrénées
Ne dépassèrent pas Anvers.
Et nous rentrâmes dans nos villes,
Où, chaude des feux de Juillet,
Ivre encore de sang grouillait
L'hydre des discordes civiles.

Pour la France battons un ban,
    Ra pa ta plan.
A sa gloire trinquons ensemble.
Quand nous chantons, l'Europe tremble :
    Ra pa ta plan,

Ra pa ta plan !

Oh! Paris, vieux foyer d'émeutes !
Que de fois j'ai vu tes faubourgs
Contre nous déchaîner leurs meutes,
Au bruit de leurs rauques tambours.
Mais sur ton sein, blanc d'épouvante,
Lorsque tes fils s'arquebusaient,
Nos cœurs entre eux s'interposaient
Comme une barrière vivante.

Pour la France battons un ban,
  Ra pa ta plan.
A sa gloire trinquons ensemble.
Quand nous chantons, l'Europe tremble :
  Ra pa ta plan,
  Ra pa ta plan !

Quand les veines de la Patrie
Coulent ainsi, la Liberté
Fuit, déshonorée et meurtrie,
Le vainqueur tout ensanglanté.
Que Dieu vous garde de ces guerres

Où le soldat est forcément
Ou lâche et traître à son serment,
Ou bourreau de ses propres frères!

Pour la France battons un ban,
   Ra pa ta plan.
A sa gloire trinquons ensemble.
Quand nous chantons, l'Europe tremble :
   Ra pa ta plan,
   Ra pa ta plan,

Mais, vieux navire, je dérape
Du port où vont vos jeunes rangs.
J'accomplis ma dernière étape
Vers l'hôtel de nos vétérans.
De lauriers ressemez la terre
Où nos pères ont combattu,
Et qu'en tout, l'honneur militaire
Soit votre suprême vertu.

Pour la France battons un ban,
   Ra pa ta plan.
A sa gloire trinquons ensemble,

Quand nous chantons, l'Europe tremble :

Ra pa ta plan,

Ra pa ta plan!

LA CHANSON DU CONSCRIT

AIR des *Huguenots*. (3e acte.) (11)

Ra ta plan, ra ta plan, ra ta plan, plan, plan! (*bis*)

Adieu, le tambour me rappelle,
Ange à qui, dans notre chapelle,
J'allais par un lien béni,

Être uni. (*bis*)

Adieu, champs que l'automne dore;
Où, loin de son fils qu'elle adore,
Ma vieille mère pleurera,

Et mourra!

Ra ta plan, plan,

Ra ta plan, plan!

Forgeur de braves, (15)
Art de bandits,
Métier d'esclaves,
Je te maudis!

Métier de bandit,
Métier de bandit,
Sois maudit!

Ra ta plan, ra ta plan, ra ta plan, plan, plan! (*bis*)

En route, allons, sèche tes larmes.
Quitte ta bêche, prends les armes,
Et cours oublier au quartier
Ton métier. (*bis*)
Va voir, dans les cités lointaines,
Le mal du pays, par centaines,
Jeter au fossoyeur surpris
Les conscrits.

Ra ta plan, plan,
Ra ta plan, plan!

Forgeur de braves,

Art de bandits,
Métier d'esclaves,
Je te maudis!

Métier de bandit,
Métier de bandit,
Sois maudit!

Ra ta plan, ra ta plan, ra ta plan, plan, plan! (*bis*)

C'est bien, troupier! de ta pensée
Bannis mère, amour, fiancée,
Et pends vite un fer assassin
A ton sein. (*bis*)
Deviens un sabreur mercenaire;
Au nom du roi, comme un tonnerre,
Sache sur tes frères en Dieu
Faire feu!

Ra ta plan, plan,
Ra ta plan, plan!

Forgeur de braves,
Art de bandits,

Métier d'esclaves,
Je te maudis!

Métier de bandit,
Métier de bandit,
Sois maudit!

Ra ta plan, ra ta plan, ra ta plan, plan, plan! (*bis*)

Aux armes! Pour l'armée altière,
S'ouvre à deux battants la frontière.
Guerre aux Prussiens, guerre aux Anglais,
Tuons-les; (*bis*)
Et qu'en l'honneur d'un tel massacre,
La patrie, à grands frais, consacre
A ses généraux immortels
Des autels.

Ra ta plan, plan,
Ra ta plan, plan!

Forgeur de braves,
Art de bandits,
Métier d'esclaves,

Je te maudis!

Métier de bandit,
Métier de bandit,
Sois maudit!

Ra ta plan, ra ta plan, ra ta plan, plan, plan! *(bis)*

Hourra! France! hourra! la victoire
Demande encor du sang à boire
Et verse la folie au cœur
Du vainqueur. *(bis)*
Hourra! l'ennemi prend la fuite :
Élançons-nous à sa poursuite;
Exterminons jusqu'au dernier
Prisonnier.

Ra ta plan, plan,
Ra ta plan, plan!

Forgeur de braves,
Art de bandits,
Métier d'esclaves,
Je te maudis!

Métier de bandit,
Métier de bandit,
Sois maudit!

Ra ta plan, ra ta plan, ra ta plan, plan, plan! (*bis*)
Vive la paix! la paix est faite.
Le héros que le peuple fête,
Du sang dont il s'est enivré
Est sevré. (*bis*)
Mais que de veuves désolées!
Que de Rachels de deuil voilées!
Que d'orphelins! que de malheurs
Et de pleurs!

Ra ta plan, plan,
Ra ta plan, plan!

Forgeur de braves,
Art de bandits,
Métier d'esclaves,
Je te maudis!

Métier de bandit,
Métier de bandit,

8.

Sois maudit !

Ra ta plan, ra ta plan, ra ta plan, plan, plan ! (*bis*)

Soldat, vois ce qu'a fait la guerre
Qui dans tes doigts tonnait naguère ?
Que vois-tu sur le continent
Maintenant ? (*bis*)
Des murs détruits par l'incendie,
Un peuple affamé qui mendie,
Et dans les champs, noirs de corbeaux,
Des tombeaux.

Ra ta plan, plan,
Ra ta plan, plan !

Forgeur de braves,
Art de bandits,
Métier d'esclaves.
Je te maudis !

Métier de bandit,
Métier de bandit,
Sois maudit !

Ra ta plan, ra ta plan, ra ta plan, plan, plan! (*bis*)

Toi, sur qui tant d'espoir se fonde,
Donne, ô mon Dieu, la paix au monde
Et désarme à jamais les mains
Des humains. (*bis*)
Que loin des siens, avant son heure,
Nul homme désormais ne meure.
Rends-nous plus heureux chaque jour
Par l'amour.

Ra ta plan, plan,
Ra ta plan, plan!

Forgeur de braves,
Art de bandits,
Métier d'esclaves,
Je te maudis!

Métier de bandit,
Métier de bandit,
Sois maudit!

Ra ta plan, ra ta plan, ra ta plan, plan, plan! (*bis*)

Eh ! qu'ont besoin nos jours prospères
Des lauriers sanglants de nos pères ?
Cherchons, au lieu d'un faux honneur,
>Le bonheur. (*bis*)
Et que, fécondée et bénie
Par le travail, par le génie,
La terre livre à nos efforts
>Ses trésors.

>>Ra ta plan, plan,
>>Ra ta plan, plan !

>Forgeur de braves,
>Art de bandits,
>Métier d'esclaves,
>Je te maudis !

>Métier de bandit,
>Métier de bandit,
>>Sois maudit !

LA CHANSON DU TAILLEUR

AIR: *Paillasse, mon ami, saute pour tout le monde.*

Que le plaisir soit avec nous,
    Enfants de la Bohême !
Riez toujours comme des fous
    Au nez de la Faim blême.
      Dans les ateliers
      Inhospitaliers,
    Où Dieu vous éparpille,
      Courage, garçons,
      Au bruit des chansons,
Enfilez votre aiguille.

Notre paie est réduite au point
    Que coudre au pas de course
Ou ne jamais pousser un point,
    C'est tout un pour la bourse.

Aussi pauvreté,
Jamais n'a compté
Si nombreuse famille;
Courage, garçons,
Au bruit des chansons,
Enfilez votre aiguille.

A rabattre ainsi nos travaux
Tel qui trouve son compte,
De nos vêtements en lambeaux
Ose nous faire honte.
Nous aurions, ma foi,
Des habits de roi
Avec l'or qu'il nous pille.
Courage, garçons,
Au bruit des chansons,
Enfilez votre aiguille.

Si tous les tailleurs, cependant,
Se déclaraient en grève!
L'homme serait nu comme Adam,
Et la femme... comme Ève.

Quels pleurs et quels cris,
Surtout à Paris,
Quand février grésille !
Courage, garçons,
Au bruit des chansons,
Enfilez votre aiguille.

Le tailleur souffre tant de maux,
Qu'il fuit le mariage;
Jamais ni femme ni marmots
N'ont chargé son bagage.
Riche à sa façon,
Comme un limaçon,
Il n'a que sa coquille.
Courage, garçons,
Au bruit des chansons,
Enfilez votre aiguille.

Son habit où des froids hivers
Le souffle aigu pénètre,
Laisse voir le jour à travers,
Comme par la fenêtre;

Et son pantalon,
Court d'un échelon,
Domine sa cheville.
Courage, garçons,
Au bruit des chansons,
Enfilez votre aiguille.

Le reste de l'habillement
Est tout aussi splendide :
Ses souliers, comme un bâtiment
Qu'étreint l'écueil livide,
Ont les flancs crevés,
Et tous les pavés
En ont rongé la quille.
Courage, garçons,
Au bruit des chansons,
Enfilez votre aiguille.

Et remarquez de nos Plutus
L'équitable système :
L'homme qui les a tous vêtus,
Ne peut l'être lui-même.

Quand tout matador
Traîne le drap d'or,
Lui de haillons s'habille.
Courage, garçons,
Au bruit des chansons,
Enfilez votre aiguille.

Mais pour l'œuvre des temps maudits
S'ouvre la tombe noire.
Frondons d'un gai *De profundis*
Sa cendre et sa mémoire ;
Car des jours heureux
L'éclat généreux,
Déjà sur nos fronts brille.
Courage, garçons,
Au bruit des chansons,
Enfilez votre aiguille.

Oui, que pour le bonheur de tous
Le travail s'organise,
Et que du Seigneur, parmi nous
Le règne s'éternise.

Enfants, pour bénir
Ce bel avenir,
Qu'on chante et s'égosille.
Courage, garçons,
Au bruit des chansons,
Enfilez votre aiguille.

LA CHANSON DU CHARPENTIER

Air : *Jamais les rois n'envahiront la France,*
Dans un grenier qu'on est bien à vingt ans !
(BÉRANGER.)

Deux charpentiers, sur un heureux rivage,
S'encourageaient par d'entraînants couplets.
L'un transformait le sapin en bordage,
L'autre assemblait les poutres d'un palais.
— Dieu parle en nous, chantait le groupe austère :
Partagez-vous, nous dit-il, l'univers ;

D'abris pour tous que l'un couvre la terre,
Que de vaisseaux l'autre peuple les mers !

— Pour préserver l'humaine créature
Des froids du Nord et des feux du Midi,
Moi, disait l'un, je jette une toiture
D'un mur à l'autre, ainsi qu'un pont hardi.
— Le matelot, lui répondait son frère,
Sur mes nefs brave en paix les flots amers.
D'abris pour tous que l'un couvre la terre,
Que de vaisseaux l'autre peuple les mers !

— Moi, reprit l'un, en guise de couronne,
Je vais poser sur tout grand monument
Ces dômes bruns que la nue environne,
Et dont le front se perd au firmament.
— Par moi, dit l'autre, au commerce prospère
De tout climat les trésors sont ouverts.
D'abris pour tous que l'un couvre la terre,
Que de vaisseaux l'autre couvre les mers !

Puis, s'unissant, les deux voix fraternelles

Dirent ensemble : « Honneur aux travailleurs
Dont le génie au ciel étend ses ailes,
Et des mortels rend les destins meilleurs.
Dieu leur donna l'herminette et l'équerre,
Et de ce sceptre à bon droit ils sont fiers.
D'abris pour tous que l'un couvre la terre,
Que de vaisseaux l'autre peuple les mers !

« Honneur à nous qui, parmi nos ancêtres,
Comptons le Christ, enfant d'un charpentier :
Dieu dont l'amour, malgré rois et faux prêtres,
A, deux mille ans, couvert le monde entier.
Gardons, pareils au divin prolétaire,
L'Humanité des flots et des hivers :
D'abris pour tous que l'un couvre la terre,
Que de vaisseaux l'autre peuple les mers ! »

LA
CHANSON DU CONFISEUR-PATISSIER

Air : *Je suis muletier de Castille,*
Vive ma belle et Fernando !

Des gens, heureux de ne rien faire,
Ont dit : « Tous les métiers sont bons. »
A d'autres pourtant je préfère
Celui de pétrir les bonbons. *(bis)*
Des plus fins gourmands de la ville
Ma boutique est le rendez-vous : *(bis)*
S'il est de tous le moins utile,
Mon doux métier est le plus doux ! *(bis)*

La veille de chaque dimanche,
Il faut me voir, au point du jour,
En tablier de toile blanche
Allumer en chantant mon four. *(bis)*

La chaleur de son sein fertile

Cuit des gâteaux pour tous les goûts. *(bis)*

S'il est de tous le moins utile, } *(bis)*
Mon doux métier est le plus doux !

Poëte, au sublime tu vises ;

Eh ! pas tant d'efforts, mon cher fils !

Rime-moi plutôt des devises

Pour illustrer mes fruits confits. *(bis)*

Ce contact sucrera ton style,

On te lira pour quelques sous. *(bis)*

S'il est de tous le moins utile, } *(bis)*
Mon doux métier est le plus doux !

Faut-il célébrer le baptême

D'un fils de prince ou de portier ?...

Vite, sur son berceau je sème

Toutes les fleurs de mon métier. *(bis)*

Au premier pas, l'être fragile

Trouve des fleurs jusqu'aux genoux. *(bis)*

S'il est de tous le moins utile, } *(bis)*
Mon doux métier est le plus doux !

L'enfant grandit au pas de course,
Dans la vie il prend son élan.
Allons, parrains, saignez la bourse,
Voici venir le jour de l'an. (*bis*)
Payer des cornets, c'est facile;
Plus tard, il faudra des bijoux. (*bis*)
S'il est de tous le moins utile, ⎫
Mon doux métier est le plus doux ! ⎬ (*bis*)

Le jour saint où l'on communie,
Pour vous, chers enfants, est éclos,
Et sur votre tête bénie
Mes pralines pleuvent à flots. (*bis*)
Quand devant vous je les empile,
Votre bonheur rend Dieu jaloux. (*bis*)
S'il est de tous le moins utile, ⎫
Mon doux métier est le plus doux ! ⎬ (*bis*)

Puis, quand, par l'amour engagées,
Deux âmes embrassent l'hymen,
Mille cascades de dragées
Tombent encore de ma main. (*bis*)

Et la vierge à peine nubile,
Devant elles rêve un époux! *(bis)*
S'il est de tous le moins utile,   } *(bis)*
Mon doux métier est le plus doux!

Enfin, mes amis, de la vie
J'aide à fêter tous les bonheurs ;
Mon talent au plaisir convie
Et partout répand des douceurs. *(bis)*
Ces douceurs que mon doigt distille,
Des gens tristes font d'heureux fous. *(bis)*
S'il est de tous le moins utile,   } *(bis)*
Mon doux métier est le plus doux !

LA CHANSON DU LABOUREUR

Air :

L'été vient de remplir nos granges ;
La faucille a coupé les blés ;

L'automne mûrit les vendanges :
Les vœux du pauvre sont comblés.
Laboureur prévoyant et sage,
Saisis sans retard l'aiguillon ;
Pousse aux champs ton lent attelage
Et commence un nouveau sillon.

You ! mes bœufs, vieux couple que j'aime ;
Tirez le soc aux dents d'acier.
Sur vos pas où l'homme le sème,
Dieu mûrit le grain nourricier.

Oui, déchirez encor la terre,
Ouvrez son flanc inépuisé,
Son vieux sein que le prolétaire
De ses sueurs a baptisé.
Car voilà, merveille profonde !
Vingt mille ans que l'humanité
Suce à sa mamelle féconde
La vie et l'immortalité !

You ! mes bœufs, vieux couple que j'aime ;
Tirez le soc aux dents d'acier.

9.

Sur vos pas où l'homme le sème,
Dieu mûrit le grain nourricier.

Dans nos familles solitaires,
Après les durs labeurs du jour,
Nos fronts, pleins d'ombre et de mystères,
S'éclairent de joie et d'amour.
Sous nos treilles étincelantes,
A nos enfants nous apprenons
De nos arbres et de nos plantes
Les goûts, les vertus et les noms.

You ! mes bœufs, vieux couple que j'aime ;
Tirez le soc aux dents d'acier.
Sur vos pas où l'homme le sème,
Dieu mûrit le grain nourricier.

Caressant nos folles marmailles,
Trésors du cœur ! nous leur disons
L'art difficile des semailles,
L'immuable cours des saisons.
Mais combien d'enfants infidèles
Aux toits qui les ont abrités,

Dès qu'ils sentent grandir leurs ailes,
Prennent leur vol vers les cités !

You ! mes bœufs, vieux couple que j'aime ;
Tirez le soc aux dents d'acier.
Sous vos pas où l'homme le sème,
Dieu mûrit le grain nourricier.

O liberté de nos campagnes !
Travaux aux solides profits !
L'industrie a peuplé ses bagnes
Des plus robustes de vos fils !
C'est l'oubli qui vous enveloppe,
C'est votre culte dédaigné,
Qui font que le cœur de l'Europe
De honte et de faim a saigné (16) !

You ! mes bœufs, vieux couple que j'aime ;
Tirez le soc aux dents d'acier.
Sur vos pas où l'homme le sème,
Dieu mûrit le grain nourricier.

Mais quoi ! parce qu'un peuple est riche,

A son or seul doit-il songer ?
Doit-il laisser sa terre en friche ?
N'a-t-il plus besoin de manger ?..
Des nations qu'on dit sauvages,
Vénèrent l'art du laboureur ;
Un jour par an, leurs beaux rivages
Sont bêchés par un empereur (17) !

You ! mes bœufs, vieux couple que j'aime,
Tirez le soc aux dents d'acier.
Sur vos pas où l'homme le sème,
Dieu mûrit le grain nourricier.

On croit que nos âmes sont pleines
D'épouvante pour les sorciers ;
Que le silence de nos plaines
Nous rend stupides et grossiers.
Mais notre calme intelligence
Exhalerait ses rayons saints
Si le mépris et l'indigence
Ne la refoulaient dans nos seins !

You ! mes bœufs, vieux couple que j'aime ;

Tirez le soc aux dents d'acier.
Sur vos pas où l'homme le sème,
Dieu mûrit le grain nourricier.

Bien que les nouvelles lumières
Que l'esprit humain puise en Dieu
Éclosent loin de nos chaumières,
Nous nous réchauffons à leur feu.
Semblable à l'astre qui féconde,
La terre, dont il est l'époux,
Ce soleil luit pour tout le monde,
Et nous sentons sa flamme en nous.

You ! mes bœufs, vieux couple que j'aime ;
Tirez le soc aux dents d'acier.
Sur vos pas où l'homme le sème,
Dieu mûrit le grain nourricier.

C'est pourquoi notre voix rappelle
Les enfants qui nous ont quittés,
Au culte austère de Cybèle,
Aux autels qu'ils ont désertés.

Il faut que notre art se relève,
Sous peine, pour tous, de mourir :
Il faut qu'au soc et non au glaive
L'homme ait recours pour se nourrir.

You ! mes bœufs, vieux couple que j'aime ;
Tirez le soc aux dents d'acier.
Sur vos pas où l'homme le sème,
Dieu mûrit le grain nourricier.

Vous que l'Égypte primitive
Adora sous le nom d'Apis,
Rendez la terre plus active
A se couvrir de blonds épis.
Que Dieu, protégeant nos récoltes,
Nous affranchisse de la faim,
Et que de nos tristes révoltes
Ce beau jour ait sonné la fin !

You ! mes bœufs, vieux couple que j'aime ;
Tirez le soc aux dents d'acier.
Sur vos pas où l'homme le sème,
Dieu mûrit le grain nourricier.

LA CHANSON DU CUISINIER

Air : *Où vas-tu, pastourelle, à cette heure?*
(Destrier, de Millevoye.)

Un cuisinier qui sait son rôle
Est presque un homme universel.
Ce n'est pas à sa casserole
Qu'il prodigue le plus de sel :
Faut-il chanter?... vite, il en sème
Tous ses couplets d'un petit grain.
Amis, chantons le grand Carême,
Mais non l'homonyme au teint blême,
Son fléau, quoique son parrain.

Qu'un Flamel aux doigts de momie
Cherche de l'or dans ses charbons ;
Pour les Lucullus l'alchimie

Fait des ragoûts rarement bons !
Laissant son arcane suprême
Dormir au fourneau souterrain,
Amis, chantons le grand Carême,
Mais non l'homonyme au teint blême,
Son fléau, quoique son parrain.

Notre noblesse vaut bien celle
Des maîtres de ce vieil hôtel :
C'est le sang d'un brave qui scelle
Ton blason, illustre Vatel !
L'héroïsme est partout le même,
Dans une cave ou sur le Rhin !
Amis, chantons le grand Carême,
Mais non l'homonyme au teint blême,
Son fléau, quoique son parrain.

Dans le domaine politique
Nous manœuvrons au premier rang ;
Tel rôtisseur diplomatique
Fut complice d'un Talleyrand.
Le bonnet blanc, du diadème

Engraissait l'ennui souverain.
Amis, chantons le grand Carême,
Mais non l'homonyme au teint blême,
Son fléau, quoique son parrain.

Chacun des tribuns qu'on renomme
Cède aux pouvoirs du marmiton.
Jamais l'âme d'un gastronome
Ne sera l'âme d'un Caton !
Aux foudres d'un Mirabeau même
Nous nous chargeons de mettre un frein.
Amis, chantons le grand Carême,
Mais non l'homonyme au teint blême,
Son fléau, quoique son parrain.

Le progrès ! « Le progrès ! chimère ! »
Dit un sot, pourtant bien nourri ;
Qu'on lui serve un repas d'Homère
Au lieu d'un souper de Véry !
On verra, grâce au stratagème,
S'il mangera du même train.
Amis, chantons le grand Carême,

Mais non l'homonyme au teint blême,
Son fléau, quoique son parrain.

Que chacun pratique sa chose :
Moi mes bouillons ; et que Berchoux,
Au lieu de rimer de la prose,
Aille pour moi planter des choux.
A mon feu j'offre son poème ;
Mais j'en écarte Savarin.
Amis, chantons le grand Carême,
Mais non l'homonyme au teint blême,
Son fléau, quoique son parrain

De Savarin brillants adeptes,
Troupeau joufflu d'heureux gourmets,
Voici nos plats et ses préceptes :
Goûtez ses leçons et nos mets,
Balthazars, que nul anathème
Ne vous montre son doigt d'airain !
Amis, chantons le grand Carême,
Mais non l'homonyme au teint blême,
Son fléau, quoique son parrain.

Du dîner voici les approches :
Comme un potage mon sang bout.
Je veille à tout, poêlons et broches,
Toujours actif, toujours debout.
Général intrépide, j'aime
Aller au feu d'un œil serein.
Amis, chantons le grand Carême,
Mais non l'homonyme au teint blême,
Son fléau, quoique son parrain.

A table! à table! qu'on réponde
Partout au signal du repas.
Mais qu'ai-je dit? ah!... dans ce monde
Combien qui n'y répondent pas!
La faim qui mendie et blasphème
Attriste mon dernier refrain...
Chantons plus bas le grand Carême,
Mais non l'homonyme au teint blême,
Son fléau, quoique son parrain!

LA CHANSON DU MAÇON

AIR : *Allez, enfants, mais n'éveillez personne;*
Mon médecin m'ordonne le repos.
(BÉRANGER.)

Noël, amis! du trottoir aux mansardes,
Cette maison est à nous pour six mois.
Sous ses lambris sillonnés de lézardes
Vont retentir nos marteaux et nos voix.
A l'œuvre donc! et que nos mains cruelles
Contre ces murs commencent leurs assauts.
Dieu pour construire a donné les truelles
Aux mêmes bras qui tiennent les marteaux.

Frappez plus fort; que le plâtre et la pierre
Roulent des toits au fond des magasins.
D'un ouragan de bruit et de poussière
Huit jours durant régalons les voisins.

Puis, sur le sol déblayé par les pelles,
Pour bâtir, vite alignons les cordeaux.
Dieu pour construire a donné les truelles
Aux mêmes bras qui tiennent les marteaux.

Ces murs naguère habités par les ombres,
Sont maintenant ouverts au grand soleil,
Et des murs neufs, debout sur leurs décombres,
Chaque passant admire l'appareil.
Que des planchers les poutres parallèles
Jettent sur eux leurs bras horizontaux.
Dieu pour construire a donné les truelles
Aux mêmes bras qui tiennent les marteaux.

Narguant chez lui le démon du vertige,
Aux toits déjà nous voici parvenus.
Comme des fleurs il caresse la tige,
Le vent du ciel, là, baise nos fronts nus.
Exhalons-y nos chansons fraternelles
Comme la brise et comme les oiseaux.
Dieu pour construire a donné les truelles
Aux mêmes bras qui tiennent les marteaux.

Courage, enfants ! clouons sur la charpente
Les pins du Nord en solive équarris,
Et bâtissons sur sa rapide pente
La tuile rouge ou l'ardoise aux plans gris.
Que l'escalier remplace les échelles
Et lie entre eux les étages nouveaux.
Dieu pour construire a donné les truelles
Aux mêmes bras qui tiennent les marteaux.

Sur les planchers maintenant qu'on dessine
Par des cloisons les logements divers :
Les corridors, les salons, la cuisine,
La cheminée où l'on rit des hivers ;
L'alcôve blanche où, repliant ses ailes,
L'amour heureux s'endort sous les rideaux.
Dieu pour construire a donné les truelles
Aux mêmes bras qui tiennent les marteaux.

Et puis, scellons porte, abat-jour, fenêtre :
Car le maçon, du fond de ses chantiers,
Fait du travail monter le thermomètre,
Et met en train vingt fraternels métiers.

Dans ces maisons aux façades si belles,
Il entre aussi du bois et des métaux.
Dieu pour construire a donné les truelles
Aux mêmes bras qui tiennent les marteaux.

Frères, ici, notre œuvre est terminée.
Portons ailleurs nos bras et nos outils,
Et soyons fiers de notre destinée
Qui nous rend chers aux grands comme aux petits.
A notre état restons, restons fidèles :
De lui, pour tous, naissent les grands travaux.
Dieu pour construire a donné les truelles
Aux mêmes bras qui tiennent les marteaux !

— LA CHANSON DU SAVETIER

Air : *Vive le vin, l'amour et le tabac,*
Voilà, voilà le refrain du bivouac.
(Du Chalet.)

Ah ! le bon métier que j'exerce !
Chez moi l'ouvrage pleut à verse

Et j'y tiens seul;
De l'aube au soir, tout d'une haleine,
Dans le cuir j'enfonce l'alêne
Et le ligneul.

Vieux savetier,
Chante et frappe en mesure;
De ton quartier,
Ravaude la chaussure;
Et que l'on dise à ton bruyant refrain :
Voilà (*bis*) notre bonhomme en train.

Pan, pa ra ran, pan, pan,
Pan, pan, pan, pan, pan, pan, pan, pan,
Pan, pa ra ran, pan, pan, pan,
Pan, pa ra ran, pan, pan,
Pan!

Je n'ai contre froid, pluie et grêle
Qu'une planche moussue et frêle,
Qu'un toit de bois.
Mais le marteau, mais la bouteille,
Chauffant bras et cœur à merveille,

Je frappe et bois!

Vieux savetier,
Chante et frappe en mesure;
De ton quartier
Ravaude la chaussure,
Et que l'on dise à ton bruyant refrain :
Voilà (*bis*) notre bonhomme en train.

Pan, pa ra ran, pan pan,
Pan, pan, pan, pan, pan, pan, pan, pan,
Pan, pa ra ran, pan, pan, pan,
Pan, pa ra ran, pan, pan,
Pan!

J'ai des métiers le plus commode.
C'est le seul qu'à son char la mode
Ne peut lier :
Pourquoi courir dans ses ornières,
Puisqu'on ne peut de deux manières
Coudre un soulier?

Vieux savetier,

Chante et frappe en mesure;
De ton quartier
Ravaude la chaussure,
Et que l'on dise à ton bruyant refrain :
Voilà (*bis*) notre bonhomme en train.

Pan, pa ra ran, pan, pan,
Pan, pan, pan, pan, pan, pan, pan, pan,
Pan, pa ra ran, pan, pan, pan,
Pan, pa ra ran, pan, pan,
Pan!

Quels honneurs mon travail mérite!
Pour quelques sous, du froid j'abrite
Tout rose orteil
Qui s'en vient, à mon grand scandale,
Rire, par un trou de sandale,
A mon soleil.

Vieux savetier,
Chante et frappe en mesure;
De ton quartier
Ravaude la chaussure;

Et que l'on dise à ton bruyant refrain :
Voilà (*bis*) notre bonhomme en train.

Pan, pa ra ran, pan, pan,
Pan, pan, pan, pan, pan, pan, pan, pan,
Pan, pa ra ran, pan, pan, pan,
Pan, pa ra ran, pan, pan,
Pan!

On peut dire, sans hyperbole,
Qu'avec son tire-pied, sa colle
Et ses deux mains,
Le raccommodeur de savates
Mieux que les plus grands diplomates
Sert les humains.

Vieux savetier,
Chante et frappe en mesure;
De ton quartier,
Ravaude la chaussure;
Et que l'on dise à ton bruyant refrain :
Voilà (*bis*) notre bonhomme en train.

Pan, pa ra ran, pan, pan,

Pan, pan, pan, pan, pan, pan, pan, pan,
Pan, pa ra ran, pan, pan, pan,
Pan, pa ra ran, pan, pan,
Pan !

Le savetier de La Fontaine,
S'effrayant de sa riche aubaine,
Ne dormit plus.
Moi, pour vivre en paix, au contraire,
J'envie à mon naïf confrère
Ses beaux écus.

Vieux savetier,
Chante et frappe en mesure ;
De ton quartier
Ravaude la chaussure ;
Et que l'on dise à ton bruyant refrain :
Voilà (*bis*) notre bonhomme en train.

Pan, pa ra ran, pan, pan,
Pan, pan, pan, pan, pan, pan, pan, pan,
Pan, pa ra ran, pan, pan, pan,
Pan, pa ra ran, pan, pan,
Pan !

Lorsqu'un fou, vers l'Eden qu'il rêve,
Nous dit : « Marche, marche, sans trêve,
Peuple oppressé ! »
Je réponds par cet axiome :
Pour bien marcher, il faut que l'homme
Soit bien chaussé.

Vieux savetier,
Chante et frappe en mesure ;
De ton quartier
Ravaude la chaussure,
Et que l'on dise à ton bruyant refrain :
Voilà (*bis*) notre bonhomme en train.

Pan, pa ra ran, pan, pan,
Pan, pan, pan, pan, pan, pan, pan, pan
Pan, pa ra ran, pan, pan, pan,
Pan, pa ra ran, pan, pan,
Pan !

LA CHANSON DU CANUT

Air : *Passez, gais bateliers, sans regarder ces grilles ;*
Sans frapper au castel, passez, beaux troubadours.
(Romance du *Palais des papes d'Avignon.*)

Canuts, vivons unis, nous dont la main habile,
Tissant la soie et l'or, les marie avec art.
Nous avons au bonheur un droit indélébile ;
Poussons nos rangs vers lui : le mot d'ordre est Jacquard !

Tandis que nous couvrons d'étoffes somptueuses
Les femmes des Crésus, les murs de leurs salons,
Nos épouses, à nous, belles et vertueuses,
Dans un galetas noir ont froid sous leurs haillons !...
De science et de jeux, tandis que le collége
Abreuve les enfants, chaudement habillés,
Les nôtres, tout le jour, courent pieds nus la neige,
Ignorants et déguenillés !...

Canuts, vivons unis, nous dont la main habile,
Tissant la soie et l'or, les marie avec art.
Nous avons au bonheur un droit indélébile ;
Poussons nos rangs vers lui : le mot d'ordre est Jacquard !

Savez-vous, mes amis, que de notre industrie
La France, aux bords lointains, tire gloire et profits (18) ?
Et que, lorsqu'un danger menace la patrie,
Elle rencontre en nous ses plus dévoués fils?...
D'où vient donc que pour nous cette vieille marâtre
N'a pas d'amour au cœur et pas de lait au sein,
Et que nous retrouvons la faim opiniâtre
    Assise à notre traversin !...

Canuts, vivons unis, nous dont la main habile,
Tissant la soie et l'or, les marie avec art.
Nous avons au bonheur un droit indélébile ;
Poussons nos rangs vers lui : le mot d'ordre est Jacquard !

Les heureux d'ici-bas nous disent tous : « Vos pères
Sur d'informes métiers ont mutilé leurs corps;
Mais l'immortel Jacquard (19) vous fit des jours prospères
Que votre voix devrait fêter par ses accords. »

De Jacquard parmi nous la mémoire est bénie :
Mais plus son art produit, plus il est exploité,
Et de tous les trésors qu'y trouva son génie,
  Nous seuls n'avons pas profité!

Canuts, vivons unis, nous dont la main habile,
Tissant la soie et l'or, les marie avec art.
Nous avons au bonheur un droit indélébile;
Poussons nos rangs vers lui : le mot d'ordre est Jacquard !

Nos canettes, l'hiver, de grève sont frappées.
Un jour, on nous a vus, de faim près de mourir (20)!
Pour un morceau de pain, recourir aux épées :
On nous a mitraillés au lieu de nous nourrir.
Tout canut sait par cœur notre vieille devise :
Mourir en combattant ou vivre en travaillant;
Et quand l'horrible faim le harcèle et le brise,
  il répète ce cri vaillant!

Canuts, vivons unis, nous dont la main habile,
Tissant la soie et l'or, les marie avec art.
Nous avons au bonheur un droit indélébile;
Poussons nos rangs vers lui : le mot d'ordre est Jacquard!

Il n'est pas d'industrie, hélas! plus morcelée
Que celle du tisseur. Il travaille et vit seul,
Et dans l'atelier sombre où sa vie est scellée,
On croirait, à le voir, qu'il tisse son linceul.
Quand donc viendra ce temps que son désir implore,
Ce temps où, réunis dans de grands ateliers,
Les tisseurs fraternels, debout avec l'aurore,
      Se mettront en train par milliers!

Canuts, vivons unis, nous dont la main habile,
Tissant la soie et l'or, les marie avec art.
Nous avons au bonheur un droit indélébile;
Poussons nos rangs vers lui : le mot d'ordre est Jacquard!

Amis, nos bataillons qui jamais ne reposent,
De la France ont choisi le rivage central;
Dans la grande cité que deux fleuves arrosent (21),
Les tisseurs ont fondé leur quartier général.
C'est là que nuit et jour, vers l'avenir tendue,
Leur âme attend que Dieu révèle sa bonté;
C'est là que notre faim attend la manne due
      Et notre cœur la liberté!

Canuts, vivons unis, nous dont la main habile,
Tissant la soie et l'or, les marie avec art.
Nous avons au bonheur un droit indélébile ;
Poussons nos rangs vers lui : le mot d'ordre est Jacquard !

LA CHANSON DU CANTONNIER

Air des *Hirondelles*.
(De Félicien DAVID.)

Le cantonnier cailloute (22)
Les chemins ravagés
Par l'hiver qu'on redoute ;
Puis il vous crie : « En route !
Voyagez. »

Les chemins, dans l'espace,
Par lui sont allongés.
Au flot humain qui passe

Il chante de sa place :
« Voyagez. »

« Fuyez la mer qui gronde,
« Ivre de naufragés.
« Sur la terre féconde,
« Passez, heureux du monde ;
« Voyagez.

« Des chercheurs d'aventures
« Les chemins sont purgés.
« Aujourd'hui les voitures
« Sont rapides et sûres :
« Voyagez.

« Soldats qui, las des guerres,
« Obtenez des congés :
« Pour revoir vos chaumières,
« Pour embrasser vos mères,
« Voyagez.

« Vous qui, peintre ou poète,

« Dans l'idéal plongez
« Votre vie inquiète
« Et rêvez sa conquête :
  « Voyagez.

« Pour connaître des hommes
« Les mœurs, les préjugés,
« Visitez les royaumes,
« Les palais et les chaumes.
  « Voyagez.

« Commis, savant, artiste,
« Riches d'ennuis chargés,
« Vous êtes sur la piste
« Du bonheur... s'il existe...
  « Voyagez ! »

LA CHANSON
DU TEINTURIER-DÉGRAISSEUR

Air de *l'Angelus.*

Un gros teinturier aux bras noirs
Se livrait gaîment à la pêche
Des falbalas et des mouchoirs,
Dans un grand chaudron de campêche. (*bis*)
« Par l'arc-en-ciel ! fredonnait-il,
Grâce à deux bains de cochenilles (23),
Il faudrait un œil bien subtil
Pour reconnaître ces guenilles. » (*bis*)

Plus d'un élégant dameret
Me maudira si je révèle
Que dans ma chaudière, en secret,
Son corps vient faire peau nouvelle ; (*bis*)

Et que, faute d'un successeur,
Semblable au piano qu'on accorde,
Sous ma brosse de dégraisseur
Son habit a montré la corde. (*bis*)

A laver de la tête aux pieds
Laquais, pair, député, ministre,
Quoique dans le savon noyés,
Mes bras ont pris un teint sinistre. (*bis*)
Pour dégraisser son paletot
Tel a recours à ma science,
Qui, sur ma foi, devrait plutôt
Se décrasser la conscience. (*bis*)

Si je décoche sur autrui
Mon épigramme roturière,
C'est que la fortune, aujourd'hui,
Est la plus grande teinturière ; (*bis*)
Loin de nos bras, qu'elle a battus,
Les gens à coutures brodées
Vont dans le chaudron de Plutus
Changer de couleur et d'idées. (*bis*)

De fronder ainsi mon métier
N'ai-je pas raison? qu'on réponde.
Moi, dont le pain vient tout entier
Des misères de ce bas monde! (*bis*)
Mais tel qu'il est il me sourit;
Et je sais plus d'un riche esclave
Qui me jalouse mon esprit
Et ma liberté dans ma cave! (*bis*)

LA CHANSON DU CALFAT

Musique de M. Eugène ORTOLAN.

Pour garnir d'étoupe
Les joints du trois-ponts
Ou de la chaloupe,
Frappons fort, frappons,
Frappons!

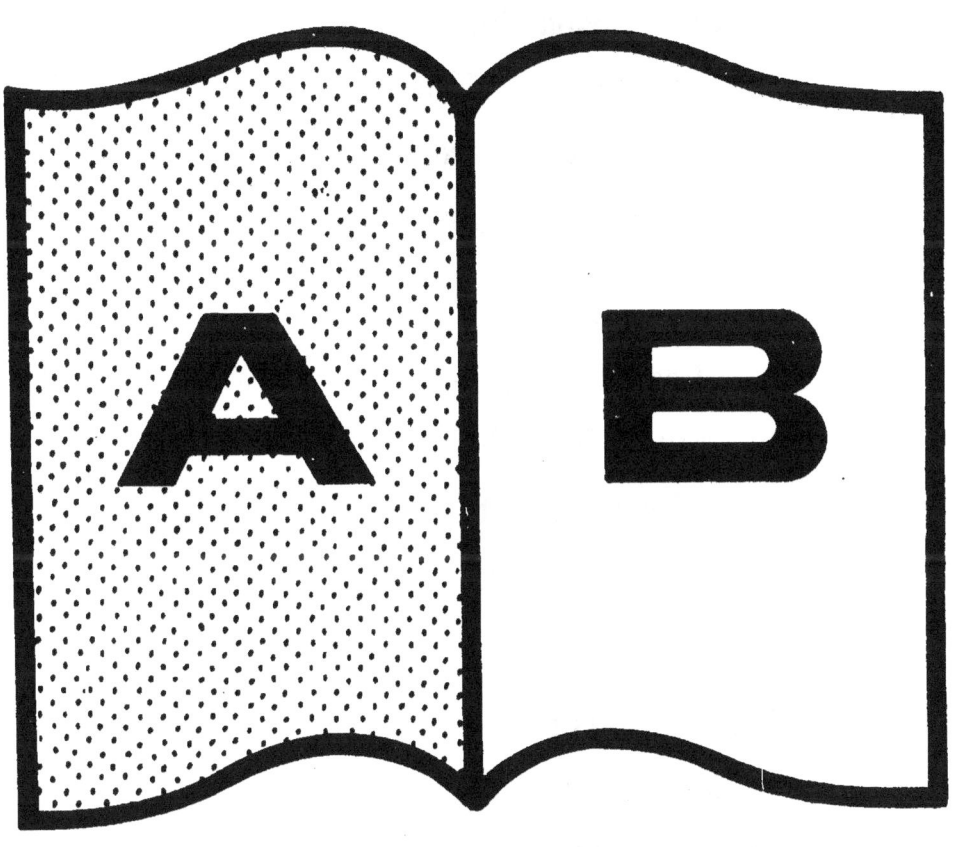

Contraste insuffisant

NF Z 43-120-14

Travailleurs, à bas le feutre,
Découvrez-vous devant moi :
Je suis celui qui calfeutre
Et goudronne la paroi
De tous les vaisseaux du Roi (24).

    Pour garnir d'étoupe
    Les joints du trois-ponts
    Ou de la chaloupe,
      Frappons fort, frappons,
      Frappons !

Sur les quais ou sur l'arène,
Calfats, quand nous abattons
Quelque navire en carène,
Au cabestan des pontons
Tous ensemble nous chantons :

    Pour garnir d'étoupe
    Les joints du trois-ponts
    Ou de la chaloupe,
      Frappons fort, frappons,
      Frappons !

Puis la bruyère aux fleurs blanches
Dont nous dépouillons les bois,
Flambe la quille et les hanches
Du navire dont la poix
Pleut, brûlante, sur nos doigts.

    Pour garnir d'étoupe
    Les joints du trois-ponts
    Ou de la chaloupe,
    Frappons fort, frappons,
        Frappons!

Calfatons bien des navires
Le corps robuste et cambré.
Sur les liquides empires,
Faute d'étoupe et de brai,
Plus d'un, hélas! a sombré!

    Pour garnir d'étoupe
    Les joints du trois-ponts
    Ou de la chaloupe,
    Frappons fort, frappons,
        Frappons!

Sur le radeau qui nous berce
Songeons bien qu'à nos marteaux
La patrie et le commerce
Ont confié leurs vaisseaux
Et le sort des matelots.

    Pour garnir d'étoupe
    Les joints du trois-ponts
    Ou de la chaloupe,
    Frappons fort, frappons,
        Frappons !

C'est le calfat qui couronne
Le travail du charpentier,
Et les vaisseaux qu'il goudronne
Vont, en glissant du chantier,
Visiter le monde entier.

    Pour garnir d'étoupe
    Les joints du trois-ponts
    Ou de la chaloupe,
    Frappons fort, frappons,
        Frappons !

Qu'ils y portent l'abondance,
Qu'ils y versent nos bons vins,
Qu'ils fassent aimer la France ;
Qu'aux peuples les plus lointains
Par eux nous serrions les mains !

 Pour garnir d'étoupe
 Les joints du trois-ponts
 Ou de la chaloupe,
 Frappons fort, frappons,
 Frappons !

LA CHANSON DU CHANSONNIER

Air : *La vie est une comédie*
 Dont quatre actes forment le cours.

Amis, tout pédant qui m'approche
Se scandalise de mes chants.
Oui, pour la Muse on me reproche
Comme un crime mes doux penchants.

Plein de son baiser qui m'enivre
Moi je réponds sans hésiter :
Tant d'oisons déchantent pour vivre,
Je puis bien vivre pour chanter.

Sur trente volumes que j'ouvre,
J'en vois quinze, vingt quelquefois,
Qui se sont prosternés au Louvre
Devant la pantoufle des rois.
L'exemple est, dit-on, bon à suivre.
Merci : je puis le contester.
Trop d'oisons déchantent pour vivre,
Moi je veux vivre pour chanter.

La Gloire érige sa statue
Sur les colonnes d'un journal,
Et la Muse se prostitue
Pour payer un encens vénal.
Sur leurs brevets que l'or délivre,
Que d'auteurs il faudrait fouetter !
Trop d'oisons déchantent pour vivre,
Moi je veux vivre pour chanter.

Près des grands, patrons des poètes,
Jamais l'orgueil ne m'a conduit.
Le peuple, de mes chansonnettes
Fut toujours l'éditeur gratuit.
Que de gens, pour en faire un livre,
Sans honte oseraient s'endetter !
Trop d'oisons déchantent pour vivre,
Moi je veux vivre pour chanter.

Narguons la critique qui gronde
Contre ma verve et ma gaîté.
Laissons ma voix qui rit ou fronde
Rire et fronder en liberté.
Manque-t-il d'abus à poursuivre,
D'amours et de vins à fêter?...
Trop d'oisons déchantent pour vivre,
Moi je veux vivre pour chanter.

LA CHANSON DU CHAPELIER

Air : *C'était le bon temps*
Où brillait madame Grégoire.
(*Madame Grégoire*, de Béranger.)

Honte au chapelier
Déserteur du feutre et des soies :
Dans notre atelier
Je trouve du pain et des joies.
Mon état, sous ma main
A mis le crâne humain,
Et mon industrie est placée
Sur le foyer de la pensée.....
 Ah ! le beau métier
 Que d'être chapelier !

Faut-il vous servir
Mes chapeaux ou bien mes casquettes?

Je coiffe à ravir
Tous les goûts et toutes les têtes.
Sans vous faire l'affront
De toucher votre front,
Du premier coup d'œil, je l'assure,
Mieux qu'un Gall j'en sais la mesure.
Ah ! le beau métier
Que d'être chapelier!

Messieurs, le chapeau
Fut, malgré de longues risées,
Le premier drapeau
Des nations civilisées.
Et même de nos jours
Ne l'est-il pas toujours ?
Quel peuple réputé barbare
L'est-il encor dès qu'il s'en pare ?
Ah ! le beau métier
Que d'être chapelier!

Hélas ! aujourd'hui
La soif de l'or qui nous dévore,

Comme à tout, a nui
Au chapeau qu'elle déshonore.
Aux autels du pouvoir
Sans cesse l'on peut voir
Des gens plus ou moins gueux ou bêtes,
L'user à force de courbettes !
Ah ! le beau métier
Que d'être chapelier !

Vendus à tout prix,
Les chapeaux pleuvent des fabriques,
Et leur mode a pris
Les formes les plus excentriques.
En cent lieux les gibus
Sont encore un rébus :
De cette machine savante
Peu s'en faut qu'on ne s'épouvante.
Ah ! le beau métier
Que d'être chapelier.

Que les chapeaux ronds
Couronnent toujours nos costumes

Et gardent nos fronts
Des coups de soleil et des rhumes.
Qu'à leur utilité
L'art joigne la beauté,
Pour que, sans qu'on en puisse rire,
Ma chanson ait le droit de dire :
Ah ! le beau métier
Que d'être chapelier !

LA CHANSON DU TANQUEUR

OU PORTEFAIX DES PORTS

Le commerce est mon seul maître ;
Aussi sais-je, en vrai tanqueur,
A le bien servir tout mettre :
Bras et jambes, tête et cœur !

I.

Oh ! que j'admire et plains le mineur qui peut vivre
Comme un mort dans sa tombe au fond d'un antre obscur;

L'ouvrier que la faim, pieds et poings liés, livre
   Aux mains d'un maître avare et dur !
Moi, pour bien emplir d'air ma robuste poitrine,
Pour redresser mon dos sous tant d'efforts voûté,
J'ai besoin du soleil, de la brise marine,
   J'ai besoin de la liberté !

   Le commerce est mon seul maître ;
   Aussi sais-je, en vrai tanqueur,
   A le bien servir tout mettre :
   Bras et jambes, tête et cœur !

II.

Si le vent est propice, ou bien si la marée
Pousse au port les vaisseaux qui louvoyaient dehors,
J'escalade leur poupe à nos quais amarrée,
   Et j'y débarque leurs trésors.
Le travail manque-t-il ?... j'attends qu'il reparaisse.
Je roule en oreiller mes larges tapabors,
Et, sur la dalle tiède étalant ma paresse,
   Je m'étends, je fume et m'endors.

   Le commerce est mon seul maître ;

Aussi sais-je, en vrai tanqueur,
A le bien servir tout mettre :
Bras et jambes, tête et cœur.

III.

Vive Dieu ! le vent souffle et la marée est haute.
La darce à deux battants s'ouvre à nos longs trois-mâts,
Aux bricks orientaux, aux lougres de la côte,
    Aux produits de tous les climats.
La récolte du monde ici semble amenée.
Que de blé, que de vins, de sucre et de café !...
Debout les vieux tanqueurs ! Jamais de cette année
    La besogne n'a tant chauffé.

Le commerce est mon seul maître ;
Aussi sais-je, en vrai tanqueur,
A le bien servir tout mettre :
Bras et jambes, tête et cœur !

IV.

Marche au pas, portefaix ; fainéants, faites place.
Voyez-moi trimbaler, solide comme un roc,

Les ballots de stockfisch venus des mers de glace,
Les grains venus de Taganrok.
Oh ! j'ai tant charrié de fardeaux sur les môles !
Des fardeaux si pesants que, malgré le coussin,
J'ai cru plus d'une fois que mes pauvres épaules
Allaient me rentrer dans le sein !

Le commerce est mon seul maître ;
Aussi sais-je, en vrai tanqueur,
A le bien servir tout mettre :
Bras et jambes, tête et cœur !

V.

Lorsque le portefaix est vieux, hors de service,
Ou qu'un fardeau trop lourd a disloqué ses reins,
N'allez pas croire au moins que la faim lui ravisse
La voix de ses loisirs sereins.
Non, car dès dix-sept ans il a, chaque dimanche,
Enrichi de vingt sous sa caisse de secours,
Pour que sa faim s'apaise et que sa soif s'étanche
Lorsque viendront les mauvais jours !

Le commerce est mon seul maître ;

Aussi sais-je, en vrai tanqueur,
A le bien servir tout mettre,
Bras et jambes, tête et cœur !

VI.

Mais tout métier n'a pas de masse de retraite
Pour prévenir la grève ou les infirmités.
Que de vieux travailleurs qu'on délaisse ou maltraite
Vont mendiant dans les cités !
Quand donc nos gouvernants, des fils de l'industrie
Prendront-ils en pitié la suprême douleur ?
Quand donc la main qui tient le sort de la patrie
Viendra-t-elle presser la leur ?

Le commerce est mon seul maître ;
Aussi sais-je, en vrai tanqueur,
A le bien servir tout mettre.
Bras et jambes, tête et cœur !

LA CHANSON DU TAPISSIER

Air : *Faites un roi, faites un roi.*
(Chanson aux Belges. BÉRANGER.)

Dussé-je encore, en prenant la parole,
M'ouïr crier : « Taisez-vous, raisonneur ! »
Chacun saura qu'ici bas de mon rôle
Je m'étais fait un chapitre d'honneur.
Je m'étais dit : Des biens que Dieu fait naître,
Allons orner les plus pauvres maisons.
L'art et le luxe engendrent le bien-être :
Par le bien-être et l'art civilisons,
    Civilisons, civilisons.

Me voilà bien déçu, je le confesse.
L'âge a tué mes rêves généreux.
L'état charmant, qu'à regret je professe,
Vend ses trésors à l'orgueil des heureux.

Le peuple en souffre... et la haine peut-être
Souffle en son sein de funestes poisons.
L'art et le luxe engendrent le bien-être :
Par le bien-être et l'art civilisons,
    Civilisons, civilisons.

Certe, il est beau de voir aux Tuileries
L'or éblouir la pensée et les yeux,
D'y voir flotter, comme des rêveries,
L'épais velours et le damas soyeux.
Mais au grenier l'on pleure... à la fenêtre
La vitre manque, et l'âtre est sans tisons.
L'art et le luxe engendrent le bien-être :
Par le bien-être et l'art civilisons,
    Civilisons, civilisons.

Le riche seul de mes talents dispose.
Sur des fauteuils élégants il s'assied,
Sous des rideaux mollement il repose,
De chauds tapis s'étendent sous son pied.
Même des champs, dont l'or l'a rendu maître,
Lui seul a droit de fouler les gazons.

L'art et le luxe engendrent le bien-être :
Par le bien-être et l'art civilisons,
  Civilisons, civilisons.

Le peuple fuit ses mansardes malsaines
Pour se livrer à de grossiers plaisirs :
Il s'y plairait s'il n'y trouvait des peines,
Car le bien-être épure les désirs.
Mais la souffrance avec l'hiver pénètre
Sous ces murs nus, plus froids que des prisons !
L'art et le luxe engendrent le bien-être :
Par le bien-être et l'art civilisons,
  Civilisons, civilisons.

Justifiant, d'ailleurs, par mille exemples
La soif qu'il a des splendeurs de notre art,
Le peuple, au front des palais et des temples,
Nous voit du luxe arborer l'étendard.
Du Dieu de Job et des pauvres, le prêtre
Tout cousu d'or, chante les oraisons.
L'art et le luxe engendrent le bien-être :
Par le bien-être et l'art civilisons,

Civilisons, civilisons.

Donnons l'aisance au peuple qu'on exploite.
Errant souvent sans pain et sans abris,
D'un œil haineux il admire et convoite
Les chars dorés, les splendides lambris.
Pour tout sentir, aussi pour tout connaître,
Le peuple aurait d'excellentes raisons.
L'art et le luxe engendrent le bien-être :
Par le bien-être et l'art civilisons,
    Civilisons, civilisons.

On me dira : « Trop de luxe efféminc. »
Trop de misère, en revanche, abrutit.
Or, dans nos mœurs, ce double excès domine :
Crésus regorge, et le pauvre pâtit.
Mais, fort de droits qu'on ne peut méconnaître,
Il veut la part que nous lui refusons.
L'art et le luxe engendrent le bien-être :
Par le bien-être et l'art civilisons,
    Civilisons, civilisons.

LA CHANSON DU BUCHERON

Air à faire.

LES ENFANTS DU BUCHERON.

Père, père! est-ce vous, enfin?
Il fait froid ; la nuit nous assiége,
Et les loups rôdent sur la neige...
Nous avons peur, nous avons faim!
Père, père! est-ce vous, enfin?

LE BUCHERON.

Enfants, enfants! ouvrez la porte ;
Venez vite sur mes genoux,
Et soyez heureux, car j'apporte
Du pain et des baisers pour tous.
Pourquoi pleurer en mon absence?
Quoi! les enfants du bûcheron

Ont douté de la Providence,
Qui protége le moucheron?...

LES ENFANTS.

Père, donnez-nous vos outils.
D'où vient que la fatigue incline
Votre front sur votre poitrine ?
Bon père, à vos pauvres petits
Donnez vite ces lourds outils !

LE BUCHERON.

L'âge, et non la fatigue, courbe
Mon front chauve, ô beaux ingénus!...
Embrasez ce fagot de tourbe,
Et réchauffez vos blonds pieds-nus.
Et votre sœur, qui dans son lange
Tour à tour pleure et me sourit,
Avez-vous eu soin de cet ange,
De la chèvre qui la nourrit?...

LES ENFANTS.

Si vous nous laissez seuls chez nous,

Les loups dévoreront la chèvre
Dont le sein verse à notre lèvre
Un lait si blanc, un lait si doux.
Père, bon père, emmenez-nous?

LE BUCHERON.

Enfants, lorsque les forêts sombres
Poussent des sanglots déchirants;
Quand les rocs, comme des décombres,
Sont balayés par les torrents,
C'est à peine si votre père,
Vivant, échappe à ces horreurs!...
Ah! restez dans notre chaumière,
Et calmez ces folles terreurs.

LES ENFANTS.

Bon père, avions-nous peur, alors
Qu'avec nous vivait notre mère?
Maintenant, dans le cimetière
Elle est couchée avec les morts...
Oh! nous n'avions pas peur, alors!

LE BUCHERON.

Enfants, la douce et pure femme
Dont le sein vous donna le jour,
Veille encor sur vous, et son âme
Vous abrite de son amour.
Le fardeau trop lourd de la vie,
Hélas! fit fléchir ses genoux.
Mais celui qui nous l'a ravie,
Dieu, la remplace auprès de nous !...

LES ENFANTS.

Père, pourquoi nous tant choyer?
Menez-nous aux forêts prochaines
Abattre avec vous de grands chênes
Pour brûler à notre foyer !...
Père, pourquoi nous tant choyer?...

LE BUCHERON.

Enfants, les plus frêles arbustes
Résisteraient à vos efforts.

Le travail veut des bras robustes :
Attendez d'être grands et forts.
Vous saurez trop tôt la misère ;
Et quand vous subirez sa loi,
Moi je garderai la chaumière,
Et vous travaillerez pour moi.

LES ENFANTS.

Père, vous nous contez toujours
Que le bûcheron de la Fable
Eut peur du spectre redoutable
Qu'il appelait à son secours.
La mort nous fait donc peur toujours ?

LE BUCHERON.

Toute âme pure, forte et fière,
Enfants, ne craint pas le trépas.
De votre pénible carrière
Son œil épîra tous les pas ;
Lorsque vous l'aurez accomplie,
Vous verrez le spectre debout.
Mais si vous l'avez bien remplie,
Dieu vous tendra les bras, au bout !

LA CHANSON DU FABRICANT

D'ALLUMETTES CHIMIQUES

Air à faire.

Vers l'oubli le temps entraîne
Briquet, silex, amadou.
L'allumette est seule reine ;
Messieurs, qui de vous m'étrenne ?
J'en vends trois cents pour un sou !

Allons, fumeur, marmiton, ménagère,
Munissez-vous, la dépense est légère.
Semant partout mes produits merveilleux,
Par les cités, par les campagnes j'erre,
Et nul n'est sourd à mon appel joyeux.

Vers l'oubli le temps entraîne
Briquet, silex, amadou.

L'allumette est seule reine ;
Messieurs, qui de vous m'étrenne ?
J'en vends trois cents pour un sou !

Leverrier trouve un astre arithmétique ;
« Bravo ! bravo ! » dit la presse sceptique ;
« Des cieux sa gloire envahit la hauteur ! »
Mais savons-nous du briquet phosphorique
Quel est l'obscur et sublime inventeur ?...

Vers l'oubli le temps entraîne
Briquet, silex, amadou.
L'allumette est seule reine ;
Messieurs, qui de vous m'étrenne ?
J'en vends trois cents pour un sou !

Combien de doigts, on s'en souvient encore,
Furent meurtris par le briquet sonore !..
Fêtez, messieurs, le bienfait qu'on me doit.
Veut-il du feu ? l'homme, grâce au phosphore,
Dit, comme Dieu : « Que la lumière soit ? »

Vers l'oubli le temps entraîne

> Briquet, silex, amadou.
> L'allumette est seule reine,
> Messieurs, qui de vous m'étrenne ?
> J'en vends trois cents pour un sou !

Mon industrie est chose encor nouvelle :
Elle est déjà, pourtant, universelle ;
Elle a du monde en deux ans fait le tour.
L'Arabe même, à tout progrès rebelle,
Dans sa gourbi l'accueille avec amour.

> Vers l'oubli le temps entraîne
> Briquet, silex, amadou ;
> L'allumette est seule reine ;
> Messieurs, qui de vous m'étrenne ?
> J'en vends trois cents pour un sou !

Tout prêtre ment qui, pasteur charitable,
Aux feux d'enfer condamne son semblable.
Messieurs, j'en prends à témoin mon état :
N'aurais-je pas la pratique du diable,
S'il était vrai que l'enfer existât ?

Vers l'oubli le temps entraîne
Briquet, silex, amadou.
L'allumette est seule reine;
Messieurs, qui de vous m'étrenne ?
J'en vends trois cents pour un sou !

L'enfer, c'était ces bûchers dont Voltaire
Avait éteint à demi le cratère,
Et que le peuple a si bien étouffés.
Que l'allumette illumine la terre
De feux de joie au lieu d'auto-da-fés !

Vers l'oubli le temps entraîne
Briquet, silex, amadou ;
L'allumette est seule reine;
Messieurs, qui de vous m'étrenne?
J'en vends trois cents pour un sou !

LA CHANSON DU VERRIER

Air :

La Muse s'est toujours montrée
Trop oublieuse à notre égard.
Jamais sa parole inspirée
N'a daigné célébrer notre art.
Romain ou Gaulois, le trouvère,
Chanta le vin à plein gosier
Sans dire un seul mot de son verre.
Chantons le rôle et la gloire du verre,
  Chantons le verre
  Et le verrier !

On a des vieilles basiliques
Vanté les vitraux éclatants.
On garde, comme des reliques,
Les gravures d'un autre temps.

De ces chefs-d'œuvre qu'on révère,
Si l'avenir reste héritier,
C'est qu'ils étaient sur ou sous verre.
Chantons le rôle et la gloire du verre,
      Chantons le verre
      Et le verrier!

Copernic, Képler, Galilée,
Nous ont révélé l'univers,
Et leur couronne est étoilée
Des soleils qu'ils ont découverts.
Mais, entre les cieux et la terre,
Qui leur a servi d'escalier,
Si ce n'est notre art et le verre ?
Chantons le rôle et la gloire du verre,
      Chantons le verre
      Et le verrier !

Le verre, soluble et ductile,
Se façonne en vase charmant ;
Miroir, il devient meuble utile
Autant que splendide ornement.

Quand de nos yeux l'éclat s'altère,
Qui pourrait y remédier,
Sinon les besicles en verre ?
Chantons le rôle et la gloire du verre,
Chantons le verre
Et le verrier !

Ainsi donc, au commun bien-être
Rien ne concourt plus que nos bras.
Ouverte au jour, notre fenêtre
Reste pour eux close aux frimas.
Enfin, créant son phalanstère,
N'a-t-on pas vu le vieux Fourier
L'entourer d'un rideau de verre ?
Chantons le rôle et la gloire du verre,
Chantons le verre
Et le verrier !

Le grand art de la verrerie,
Introduit chez nous par Colbert,
Est une mortelle industrie
Pour le travailleur qui la sert.

Nos fourneaux, immense cratère,
Font un volcan de l'atelier
Où nous brassons les flots du verre.
Chantons le rôle et la gloire du verre,
>> Chantons le verre
>> Et le verrier !

Mais c'est en vain que le soufflage
Épuise l'air dans nos poumons ;
Qu'un tube enfle notre visage (25),
Bouffi comme ceux des démons.
L'avenir nous rit, moins sévère,
Et la vapeur aux bras d'acier
Va sous son joug ployer le verre.
Chantons le rôle et la gloire du verre,
>> Chantons le verre
>> Et le verrier !

LA CHANSON DU TONNELIER

Air : *Un jour le bon Dieu s'éveillant,*
Fut pour nous assez bienveillant.
(BÉRANGER.)

Alerte, apprentis tonneliers,
Venez ceindre vos tabliers.
Pour bien commencer la journée,
Que la pipe soit rengainée,
Et qu'on entame à l'unisson
Et la besogne et la chanson ;
Mêlons nos voix au bruit de l'herminette :
Fêtez, mes enfants, fêtez ma chansonnette,
Mes enfants, fêtez ma chansonnette.

Vous ignorez, j'en suis certain,
Combien est beau votre destin.
Tout en rabotant ma douelle,

Souffrez que je vous le révèle,
Et vous verrez, mes bons amis,
D'en être fiers qu'il est permis.
Faute de mieux, je m'en fais le poète ;
Fêtez, mes enfants, fêtez ma chansonnette,
Mes enfants, fêtez ma chansonnette.

D'abord, au sein de nos tonneaux,
La joie a mis ses arsenaux.
Bacchus, le Dieu qui nous patronne,
Prit une barrique pour trône :
Et puisque, depuis les Romains,
Son culte revit par nos mains,
Un jour au ciel il faut qu'il nous admette ;
Fêtez, mes enfants, fêtez ma chansonnette,
Mes enfants, fêtez ma chansonnette.

Et de nos jours, ne voit-on pas
Bacchus présider aux combats ?...
Ne voit-on pas la cantinière
A son cou, comme un scapulaire,
Suspendre un baril de liqueur

Qui verse l'ivresse au vainqueur,
Et rend la vie au mourant qui le tète.
Fêtez, mes enfants, fêtez ma chansonnette,
Mes enfants, fêtez ma chansonnette.

Couvrant d'un superbe mépris
Les palais aux riches lambris,
Dans une tonne, Diogène
Vécut, amoureux du sans-gêne;
Content de sa part de soleil,
Là, de tout royal appareil
Le vieux cynique insultait l'étiquette.
Fêtez, mes enfants, fêtez ma chansonnette,
Mes enfants, fêtez ma chansonnette.

Vous voyez donc, chers apprentis,
Quel lustre dore nos outils !
La muse, la fable et l'histoire,
Parlent d'eux à leur auditoire !
Chargés par nous sur des vaisseaux,
Partout les vins de nos coteaux
Vont égayer notre pauvre planète.

Fêtez, mes enfants, fêtez ma chansonnette,
Mes enfants, fêtez ma chansonnette.

Enfants, en cerceaux, sous vos doigts,
Du châtaignier courbez le bois (26).
Nouveaux tonneaux des Danaïdes,
Si nos poches sont toujours vides,
La fortune nous tend la main,
Et, pour l'arrêter en chemin,
Dieu, pour chacun, crée une chance honnête.
Fêtez, mes enfants, fêtez ma chansonnette,
Mes enfants, fêtez ma chansonnette.

LA CHANSON DU BERGER

Air :

La neige fond dans les vallées,
Le soleil rit aux gazons verts,
Et de pervenches étoilées

Les bords de nos lacs sont couverts.
Désertons nos étables chaudes ;
Allons vivre aux champs émeraudes
De marguerites diaprés.
   Et you ! mes brebis fidèles,
   Paissez les herbes nouvelles
   Qui fleurissent dans les prés.

Pendant l'été sur les montagnes,
Pendant l'hiver sous le chalet,
Mes brebis, mes blanches compagnes,
Me nourrissent de leur doux lait.
Après la saison des orages,
Je les mène aux gras pâturages
Dont le froid nous avait sevrés.
   Et you! mes brebis fidèles,
   Paissez les herbes nouvelles
   Qui fleurissent dans les prés !

Le soir, quand les agneaux folâtres
Dorment sous le sein maternel,
Les grands feux qu'allument les pâtres

Éclairent les monts et le ciel.
C'est l'heure où les chiens sur la neige
Rôdent, épiant le manége
Des loups qu'ils ont de loin flairés.
 Et you ! mes brebis fidèles,
 Paissez les herbes nouvelles
 Qui fleurissent dans les prés.

Dans les solitudes austères
Où le destin nous a placés,
Pour en comprendre les mystères
Nos regards aux cieux sont fixés.
Jadis, de leur voûte insondée,
Par les pâtres de la Chaldée
Les secrets furent pénétrés (27).
 Et you ! mes brebis fidèles,
 Paissez les herbes nouvelles
 Qui fleurissent dans les prés.

Tandis qu'à ces brebis chéries
Le temps fait d'épaisses toisons,
De silence et de rêveries,

Je vis, couché sur les gazons.
Mais parfois le désert me pèse :
Par des désirs que rien n'apaise,
Mes calmes jours sont altérés.
 Et you ! mes brebis fidèles,
 Paissez les herbes nouvelles
 Qui fleurissent dans les prés !

C'est qu'aux pasteurs des temps antiques
Nous sommes loin de ressembler ;
C'est qu'on voit, sous nos toits rustiques,
La misère nous accabler
Nos vieillards, nos femmes, nos filles,
Ignorants, couverts de guenilles,
Sont souvent tristes et navrés.
 Et you ! mes brebis fidèles,
 Paissez les herbes nouvelles
 Qui fleurissent dans les prés.

Et dans les villes fortunées,
Nous savons qu'on regarde encor
Nos malheureuses destinées

Comme un reste de l'âge d'or.
Où sont vos amours et vos fêtes,
Heureux bergers que des poètes
Les chants divins ont célébrés?..
 Et you ! mes brebis fidèles,
 Paissez les herbes nouvelles
 Qui fleurissent dans les prés !

Oui, tout sauvages que nous sommes,
Nous souffrons de vivre exilés,
Et vers le cœur des autres hommes
Nos cœurs se sentent appelés.
Dans nos bonheurs et dans nos peines,
Contre des poitrines humaines
Nos cœurs voudraient être serrés !
 Et you ! mes brebis fidèles,
 Paissez les herbes nouvelles
 Qui fleurissent dans les prés !

LA CHANSON DU CORDIER

Air : *Elle aime à rire, elle aime à boire.*

Mes amis, quel rude service !
Tresser des câbles courts ou longs,
Et, comme la mère écrevisse,
Marcher toujours à reculons !
Pour calmer l'ennui qui m'oppresse
Chantons ce refrain nonchalant :
Dans le métier que je professe,
On n'avance qu'en reculant.

Mais aujourd'hui le soleil brille.
Je sens son généreux regard
Réchauffer à travers la grille
L'ombre humide de mon hangar.
Il fait bon sous cette caresse
Filer le chanvre d'un pas lent.

Dans le métier que je professe,
On n'avance qu'en reculant.

A qui ne suis-je pas utile?
Je le demande avec orgueil.
Par moi le bras le plus débile
De lourds fardeaux charge le treuil.
Les cordeaux qu'en longs fouets je tresse
Guident le coursier turbulent.
Dans le métier que je professe,
On n'avance qu'en reculant.

C'est par moi que de sa voiture
Le roulier serre les ballots ;
Qu'au cou de sa lourde monture
Il suspend ses légers grelots.
Des *ponts* qu'en l'air le maçon dresse,
C'est moi qui file le palan. (28)
Dans le métier que je professe
On n'avance qu'en reculant.

Je préside aux jeux de l'enfance.

Je ne sais pas de frais gamin
Qui, pour fêter une vacance,
N'ait une corde dans sa main.
Il saute, heureux de son adresse,
Ou lance au ciel le cerf-volant.
Dans le métier que je professe
On n'avance qu'en reculant.

Je figure aussi dans l'histoire,
Mais quel triste rôle j'y fais !
Longtemps de tout brigand notoire
La corde a puni les forfaits !
Le patient, après confesse,
Allait ceindre le nœud coulant.
Dans le métier que je professe
On n'avance qu'en reculant.

Voyez ces forêts de cordages
Qui, suspendant la toile aux mâts,
Mènent, à travers les orages,
Nos vaisseaux dans tous les climats.
Leur solidité, leur souplesse,

On ne les doit qu'à mon talent.
Dans le métier que je professe,
On n'avance qu'en reculant.

Aussi, quoique de moi l'on rie,
Quelque obscur que je sois, je puis
Défier l'humaine industrie
De se passer de mes produits.
C'est là mon titre de noblesse :
J'ose le trouver excellent !
Dans le métier que je professe,
On n'avance qu'en reculant.

LA CHANSON DU FOSSOYEUR

Air à faire.

Enfin, du repos voici l'heure.
Comme le cimetière est noir !
Dans les cyprès l'hiver gémit et pleure ;

La voix des morts m'épouvante ce soir.
Qu'un peu de vin à mes pensées
Sourie à travers tout ce deuil.
Pour réchauffer mes mains glacées
Brûlons, brûlons ces débris de cercueil.

Deux vierges, mortes à l'aurore
De la jeunesse et de l'amour,
Dans ce cercueil que la flamme dévore,
Vinrent ici tomber le même jour.
De leurs voiles de fiancées
Le trépas leur fit un linceul.
Pour réchauffer mes mains glacées
Brûlons encor ces débris de cercueil.

Ces débris, noirs de moisissures,
Couvraient un académicien.
Le pauvre peuple, à ses œuvres obscures,
Faute d'esprit, dit-on, ne comprit rien.
Mais elles furent encensées
Par l'héritier de son fauteuil.
Pour réchauffer mes mains glacées

Brûlons encor ces débris de cercueil.

On descendit un millionnaire
Dans ce bois criblé par les vers.
Son char spendide a vu toute la terre,
Et ses vaisseaux ont vu toutes les mers.
De poussière quelques pincées
Ont enseveli tant d'orgueil !
Pour réchauffer mes mains glacées
Brûlons encor ces débris de cercueil.

Ceux-ci renfermaient un jeune homme
Qui déserta son humble sort,
Qui, des grandeurs poursuivant le fantôme,
Fut arrêté par celui de la mort !
Que d'ambitions insensées
Se brisent contre cet écueil !
Pour réchauffer mes mains glacées
Brûlons encor ces débris de cercueil.

Ici, dormit un prolétaire,
Aimant chacun, de tous aimé ;

Il fut longtemps un bienfait pour la terre
Où, fleur du ciel, ses vertus ont germé.
    Aussi, que de larmes versées
      Lorsque son corps passa ce seuil!...
    Pour réchauffer mes mains glacées
Brûlons encor ces débris de cercueil.

    Oui, consumons la planche immonde
      Où, cédant au dernier sommeil,
Les parias et les grands de ce monde
Sont tous couchés sous un niveau pareil.
    Là, plus de dignités blessées :
    J'y fais à tous le même accueil.
    Pour réchauffer mes mains glacées
Brûlons encor ces débris de cercueil.

    Vous tous que le bonheur enivre,
      Plaignez, mais ne repoussez pas
Le fossoyeur qui se condamne à vivre
Près des tombeaux, seul avec le trépas.
    De pages par la mort tracées
    Sa vie est un sombre recueil.

Pour réchauffer mes mains glacées
Brûlons, brûlons des débris de cercueil.

Mais quoi ! déjà l'aube m'appelle ?...
Oui, voilà bien le jour qui luit.
Allons, à moi ma pioche, à moi ma pelle,
Je dormirai doublement cette nuit.
Si je ne chassais ces pensées
Je ne fermerais jamais l'œil.
Pour réchauffer mes mains glacées
Brûlons toujours des débris de cercueil.

FIN.

QUELQUES NOTES

(*a*)   SUR LES CHANSONS DES MÉTIERS DE FEMME.

Je me déciderai peut-être à publier, dans quelques années, les chansons que j'ai composées pour les métiers de femme. Cela dépendra nécessairement beaucoup de l'accueil réservé à la *chanson de chaque métier* par le public qui, j'en conviens, a de nos jours de bien plus graves sujets d'occupation.

Le caractère du recueil dont je parle diffère essentiellement de celui-ci, bien qu'au fond le but que je m'y suis proposé soit le même : la glorification du travail. J'ai pensé que les personnes qui ont encore le courage de lire des vers verraient peut-être avec intérêt un échantillon de ce recuil inédit, et j'en ai extrait, dans cette intention, le petit poëme intitulé :

Marguerite la modiste. Cette Marguerite n'est pas une fiction : autant que possible j'ai puisé mes modèles dans la réalité, comme je l'ai fait pour les chants des travailleurs. J'ai eu le bonheur de peindre d'après nature l'adorable jeune fille, l'ange de seize ans, qui fait le sujet des vers suivants. La seule chose que je puisse ajouter à son portrait, c'est d'avouer que je suis resté bien au-dessous du modèle dont la beauté rayonne d'un attrait irrésistible, d'un charme infini.

MARGUERITE LA MODISTE.

Deux lèvres de corail qu'appelle le baiser,
Deux grands yeux pleins d'éclairs, capables d'embraser
    D'un trait les âmes les plus fières ;
Et seize ans ! que l'on voit, dorés d'illusions,
Briller sur son front pur comme seize rayons,
    Comme seize fleurs printanières !

De blanches mains d'enfant, des doigts si déliés,
Si roses qu'on dirait à les voir repliés

Sur le fil de sa broderie,
Les doigts des Chérubins tissant aux pieds de Dieu,
Pour les éparpiller d'un souffle dans l'air bleu,
Les fils de la vierge Marie !

Et puis de noirs cheveux étoilés de jasmins,
Une taille à remplir à peine les deux mains !
Une voix fraîche comme l'aube;
Tant de grâce et de goût dans ses moindres atours
Qu'on croirait toujours voir quelque groupe d'amours
Blottis dans les plis de sa robe !

Tant d'éclats de gaîté si soudains et si francs,
Tant de soins, de pitié pour les êtres souffrants,
Tant de cœur, tant d'espièglerie,
Qu'à sauver sa raison avant qu'on ait songé
On se surprend près d'elle en extase plongé
Et qu'on l'aime à l'idolâtrie !

Voilà le doux portrait de cette douce enfant
Dont nul pleur ne ternit le regard triomphant,

Dont Dieu bénit les destinées,
Et dont le jeune sein, tout gonflé de désirs,
Effeuille au vent heureux du rire et des plaisirs
Son frais bouquet de seize années !

Le soir qu'elle naquit, sur son berceau d'osier
Le rossignol chantait, chantait à plein gosier ;
Les cieux ruisselaient de lumière ;
Les mères apportaient des souhaits et des fleurs,
Et leurs baisers rivaux séchaient les premiers pleurs
Qui perlèrent à sa paupière.

Autour de ce berceau brillèrent tous les dons
Que, pour les êtres chers, au ciel nous demandons.
Il n'y manqua que la richesse :
Fée au rapide char, si charmante jadis,
Mais qui, prostituée aux bras des Juifs maudits,
Du veau d'or s'est faite prêtresse.

Mais Dieu de la fortune a réparé l'oubli.
Cet ange, grâce à lui, n'est que plus accompli.

Elle a la liberté qu'elle aime,
La bonté dans le cœur, la gaîté dans les yeux,
Et le soleil qui fait luire à son front joyeux
  La beauté comme un diadème !

Son modeste atelier tout constellé de fleurs
Est couvert de rubans aux splendides couleurs
  Et d'aériennes dentelles :
C'est si beau qu'on dirait que tous les papillons,
Trouvant ce coin béni plus gai que leurs sillons
  S'y sont dépouillés de leurs ailes.

Là, robe de satin, voile blanc, frais toquet
Que la vierge à douze ans porte au divin banquet
  Où la Fête-Dieu la convie ;
Toilettes d'hyménée et de bal chaque jour
Éclosent, et son art préside avec amour
  A tous les bonheurs de la vie !

Qu'importe qu'au travail ses bras soient donc voués.
Les anges du Seigneur ne sont pas mieux doués

Que Dieu n'a doué Marguerite ;
Et les palais remplis de luxe et d'échansons
Connaissent moins de joie et de folles chansons
 Que le joli toit qui l'abrite.

C'est dans ce nid heureux qu'elle rit, qu'elle coud,
Qu'elle brode, en chantant, des chefs-d'œuvre de goût
 Pour les marquises surannées,
Et qui lui donneraient volontiers tout leur or
S'il pouvait s'échanger contre son doux trésor,
 Son frais bouquet de seize années !

CHANSON DU GUINGUETTIER.

(1)   Le vieux drapeau de la patrie
  Sur mon toit flotte dans les airs, etc.

Dans notre Midi, la guinguette diffère essentiellement de ce qu'on appelle le cabaret ou la taverne dans les villes du centre et du Nord. La guinguette est en quelque sorte une maison de campagne publique où se réunissent, chaque dimanche et chaque jour de fête, les ouvriers que les affaires ou le travail emprisonnent dans la ville pendant la semaine. C'est presque toujours une blanche villa bâtie au bord de la mer qu'un drapeau tricolore signale de loin aux promeneurs. Des familles entières y dînent souvent à l'ombre des treilles ; et rien n'est gai à voir ni curieux à étudier comme le contraste qui s'y établit entre les joies modestes et paisibles du citadin et les refrains bruyants et les prodigalités extravagantes du matelot, ce bohémien de l'univers, qui se repose aujourd'hui sur la rive qu'il a saluée le matin, et qui reprendra demain sa course aventureuse à travers l'océan.

Il m'a semblé tout naturel de placer à la tête de mon bataillon industriel le guinguettier chez qui se rassemble et fraternise le prolétariat, sous ses trois aspects principaux : l'ouvrier, le matelot et le soldat.

CHANSON DU TAILLEUR DE PIERRES.

(2)   Cinq mois dans nos villages, etc.

Dans le nord, les tailleurs de pierre et les maçons émigrent de leurs villages au début du printemps et se répandent dans les grandes villes. Dès que l'hiver ferme les chantiers, ces travailleurs intrépides regagnent le chaume natal et partagent avec la famille leurs épargnes de l'été. Ces épargnes seraient certainement insuffisantes à leurs besoins, pendant les cinq mois les plus rigoureux de l'année, s'ils ne trouvaient pas, dans leurs villages même, à utiliser leurs bras et leur talent à des travaux de détail dont l'exécution n'a pas besoin du concours des beaux jours et de l'indispensable sécurité qu'ils apportent aux grandes entreprises de maçonnerie.

(3)   Un roi, par nos ancêtres,
        Fit, sur le sol hébreu,
        Bâtir un temple aux prêtres, etc.

Les adeptes d'une certaine secte du compagnonnage font remonter l'origine de leur société à la construction du temple de Salomon.

LA CHANSON DU BOULANGER.

(4)   Le bouquet de pommes de pin
        Flambe à chaque fournée.

Dans les localités où les boulangers chauffent leurs

fours avec des fascines de pin, la légende du métier a consacré l'usage de brûler, avant chaque fournée, un fagot des fruits de cet arbre : formalité sans laquelle, d'après la susdite légende, la pâte ne revêtirait jamais cette belle couleur bistrée qu'elle tient uniquement du degré précis de chaleur auquel l'expose une main habile et sûre.

LA CHANSON DE L'IMPRIMEUR.

(5) Leurs nobles rangs qu'un saint amour resserre
Ont Béranger, le roi des gais rimeurs;
Ils ont Franklin, etc.

On sait que Franklin, l'inventeur du paratonnerre, et Béranger, ont été imprimeurs. Béranger m'écrivait à ce sujet ces nobles et touchantes paroles qui renferment une leçon profonde pour beaucoup de jeunes poètes :

« Sachez, mon enfant, que toute ma vie j'ai regretté d'avoir été forcé par mes parents de quitter la profession d'imprimeur. Cet état eût assuré mon indépendance, et il faut être indépendant pour être poète. »

Hégesippe Moreau était imprimeur aussi.

LA CHANSON DU MATELOT.

(6)   Veille, veille au grain, matelot.

Veille au grain, dans le vocabulaire maritime, n'a pas que sa signification propre. Cette locution s'applique, par extension, aux dangers de tout genre, dont l'existence des gens de mer est semée.

(7)   Marchons tout droit à leur rencontre.

Les marins désignent cette manœuvre par cette formule, à la fois si originale et si énergique : *Piquer dans le lit du vent!*

LA CHANSON DU MINEUR.

(8)   La fusillade a seule répondu, etc.

Cet épisode de la dernière grève des mineurs de Saint-Étienne et d'Anzin a eu, dans la presse française, trop de retentissement pour que je croie devoir en rappeler ici les sanglants et déplorables détails.

LA CHANSON DU MENUISIER *.

(9) Aux nœuds de pin livrons bataille.

Les nœuds de pin sont la terreur des ouvriers qui travaillent le bois. Ils sont si durs et si rebelles au

* J'ai dit dans la préface de ce livre que la crainte d'être monotone m'avait forcé de ne chanter que les principaux métiers. En voici une preuve choisie entre plusieurs autres de même nature. Une des premières chansons que je fis, fut celle du scieur de long. Elle commençait ainsi :

>   Au travail, scieur joyeux,
>   Nous ne marchons que par couples :
>   Notre état veut des reins souples,
>   De bons bras et de bons yeux.
> Coupons en planches amincies
>   Les troncs des grands végétaux :
>   Dans les ifs et les ormeaux
>   Enfonçons les dents des scies.
>
>   Orientons en ce lieu
>   Nos grêles échafaudages,
>   Et hissons-y ces bordages
>   Qu'il faut refendre au milieu.
> Qu'au travail nos mains endurcies
>   Demandent encore du pain :
>   Dans le chêne et le sapin
>   Enfonçons les dents des scies, etc.

J'ai supprimé cette chanson du recueil, parce qu'elle présentait une certaine analogie avec celle du menuisier.

rabot, qu'ils en ébrèchent le morfil à chaque instant. Une légende provençale dit que saint Joseph, le divin charpentier, à l'heure de la mort, enveloppa d'un immense pardon tout ce qui l'avait fait souffrir sur la terre ; mais que les nœuds de pin ne furent pas compris dans cette suprême absolution.

(10)   Aux vieux préjugés du *Devoir*.

Nul n'a certainement plus que moi de sympathies fraternelles pour les compagnons, plus de tolérance et de respect pour les statuts de leurs *Devoirs*; aussi comme ce vers pourrait blesser, contre mon intention, d'honorables susceptibilités, je m'empresse de les rassurer. Je n'ai traité de préjugés dans le compagnonnage que ce qui m'en a paru d'une inutilité absolue, et parfois d'une puérilité indigne des mœurs éclairées de notre siècle.

Je relis toujours avec douleur dans le livre évangélique de mon ami Agricol Perdiguier, les obligations, les entraves humiliantes imposées à certains compagnons qui, en arrivant dans une ville, pressés de travailler pour vivre, auraient besoin, sinon d'une assistance intelligente et fraternelle, du moins d'une complète liberté de manœuvre pour se procurer immédiatement de l'ouvrage. Dans le Midi, le bon sens populaire a déjà fait justice de ce despotisme, et je souhaite qu'on en fasse vite autant partout. Les compagnons sont, d'ailleurs, trop intelligents aujourd'hui, pour ne pas comprendre qu'on ne refait pas le passé. Au lieu de tant de sectes dissidentes, de vaines formules et de funestes rivalités, il nous faut maintenant un compagnonnage universel entre tous les travailleurs, une institution large et solide qui garantisse à chacun le pain quotidien. Il nous faut, en un mot, l'organisation du travail, formidable problème à la solution duquel l'avenir de l'humanité est indissolublement lié, énigme du sphinx, comme disait un de nos amis, qu'il faut deviner ou être dévoré.

LA CHANSON DU PERRUQUIER.

(11)   Le sceptre et la croix.

Voir l'admirable article de Jean Reynaud sur l'histoire de la barbe, publié dans l'*Encyclopédie nouvelle*, tome II, page 411.

(12)
  Et le fauteuil héréditaire
   Au dossier sculpté
  Où, bonne fille et familière,
  La noble muse de Molière
   Puisa sa gaîté.

« Pézénas, 7 ventôse an VII.

« Il existe dans notre petite commune un grand
« fauteuil de bois, auquel la tradition constante a
« conservé le nom de *fauteuil de Molière*. Sa forme
« atteste son antiquité. L'espèce de vénération atta-
« chée au nom qui lui fut donné par les contemporains
« de Molière l'a suivi chez les divers propriétaires dans
« la maison où on le montre encore aux dévoués ad-
« mirateurs du père de la comédie française. Voici ce
« que les Nestors du pays racontent : il disent qu'au
« temps où Molière habitait Pézénas, il se rendait
« assidument tous les samedis, jour de barbe et de
« marché, dans l'après-dîner, chez un barbier de cette
« ville, dont la boutique était le rendez-vous des oisifs,

« des campagnards du bon ton de l'époque, et des
« fashionables qui allaient s'y faire calamistrer. C'est
« d'ailleurs un fait incontesté, qu'avant l'établisse-
« ment des cafés dans les petites villes, c'était chez
« les barbiers que se débitaient les nouvelles, que
« l'historiette du jour prenait du crédit, et que la po-
« litique épuisait ses combinaisons. Le susdit grand
« fauteuil occupait le milieu d'un lambris qui revêtait
« à hauteur d'homme l'intérieur de la boutique du
« barbier Gelly. »

(Cailhava, *Études sur Molière*, page 305.)

Le *Magasin pittoresque*, qui a publié en 1836 (page 248) un dessin du fauteuil de Molière et la lettre qui précède, ajoute les réflexions suivantes :

« Telle est, en effet, la tradition du pays constatée par un assentiment général et par l'attestation de vieillards encore vivants, qui ont entendu raconter les faits à d'autres vieillards qui les tenaient eux-mêmes de témoins oculaires. La maison du barbier Gelly est parfaitement connue. Elle donne sur la place où est encore le marché aux grains, et si l'on s'en réfère à l'usage du temps et à l'importance qu'avait la boutique d'un barbier comme rendez-vous des oisifs, on concevra l'assiduité de Molière chez le barbier Gelly et la prédilection qu'il avait pour le fameux fauteuil. Un observateur du caractère de notre grand homme ne pouvait occuper de place plus commode pour ne rien perdre des scènes auxquelles donnaient lieu les mœurs et les habitudes diverses des nombreuses pratiques de Gelly. Ainsi que l'auteur de la lettre le fait observer, Molière occupait habituellement ce fauteuil ; on le lui réservait comme lui revenant de droit ; de là le nom qui lui fut donné et qu'une tradition constante lui a conservé depuis près de deux siècles.

. . . .

« Guillaume Gelly, contemporain de Molière, transmit son état avec le fauteuil à Jacques Gelly, son fils, etc., etc.

« La notice d'où sont extraits ces détails, ainsi que le dessin du fauteuil, offre un grand nombre d'attestations authentiques à l'appui des faits qu'elle énonce. »

J'ajouterai, pour luxe de justification des vers placés en tête de cette note, que dans presque toutes les boutiques de barbier de notre Midi, le fauteuil où l'on fait la barbe aux habitués du lieu est taillé sur le modèle du *fauteuil de Molière*, décrit par le *Magasin pittoresque*.

LA CHANSON DU PÊCHEUR.

(13)   Apparais-nous sur l'arc-en-ciel.

Les peintures naïves et touchantes que les pêcheurs de la Méditerranée suspendent aux pieds de la Mère du Christ, la représentent ordinairement assise sur l'arc-en-ciel ou sur un nuage lumineux, tendant un bras sauveur aux naufragés. J'ai vû, sur les promontoires de la côte, des chapelles dédiées à la *Maris stella* adorée, entièrement tapissées de ces *ex-voto*, gages bénis d'une foi sans bornes, d'une piété et d'une reconnaissance inaltérables. Il n'est peut-être pas un seul pêcheur qui n'ait déposé un *ex-voto* aux pieds de la Vierge, parce qu'il n'est pas un pêcheur qui, au moins une fois dans sa vie, n'ait échappé comme par miracle à quelque péril imminent.

LA CHANSON DU CONSCRIT.

(14) Air du chœur des *Huguenots*, 3ᵉ acte.

J'ai composé cette chanson exprès sur cet air, devenu populaire aujourd'hui, afin que, quand on la chantera, le chœur puisse accompagner le coryphée d'un bout à l'autre des couplets : les vers qui forment ces couplets n'étant qu'une réponse au refrain général ou le provoquant à chaque mot.

(15)   Forgeur de braves,
   Art de bandits, etc.

En regard de la chanson du vieux soldat qui a passé sa vie au régiment et qui va la finir aux Invalides, ne comprenant pas qu'il puisse y avoir au monde d'autre amour que celui du drapeau et d'autre vertu que l'honneur militaire, j'ai dû nécessairement mettre la chanson du pauvre conscrit que le recrutement arrache brusquement à son pays, à sa famille et aux travaux des champs, que la vue d'une arme de guerre remplit de dégoût et de terreur, et que la destinée inexorable emprisonne dans quelque garnison où il mourra nostalgique en pleurant sa fiancée et sa chaumière.

Il est certes bien permis d'espérer que dans l'organisation des futures sociétés humaines, telles que les rêve notre idéal de fraternité universelle, l'armée deviendra une superfluité ; l'avenir s'étonnera que les nations civilisées de l'Europe aient été obligées d'entretenir, en plein dix-neuvième siècle, d'aussi formidables armées pour se défendre non-seulement l'une de l'autre, mais encore d'elles-mêmes. C'est là, en effet, le plus éclatant et le plus douloureux démenti donné à la sainte devise que nous avons voulu inaugurer sur le drapeau de toutes les nationalités contemporaines.

Les épithètes placées ici dans la bouche du conscrit ne doivent donc être prises que dans un sens très-général et purement philosophique. Elles ne sauraient en aucune façon atteindre le soldat de nos jours, dont la chanson qui précède celle-ci fait d'ailleurs ressortir le caractère tout d'abnégation et de dévouement.

LA CHANSON DU LABOUREUR.

(16) ..... Le cœur de l'Europe
De honte et de faim a saigné.

Allusion à la disette de 1846 qui a soulevé de si légitimes alarmes dans toute l'Europe occidentale ; qui a fait naître, même au sein de la France, de si déplorables désordres, et qui, aujourd'hui plus que jamais, décime encore la malheureuse Irlande

(17) Un jour par an, leurs beaux rivages
Sont bêchés par un empereur.

C'est un fait incontesté que l'empereur de la Chine cultive, à certaine époque de l'année, un champ de blé de ses propres mains.

CHANSON DU CANUT.

(18) .... de notre industrie
La France, aux bords lointains, tire gloire et profit.

Les statistiques les plus récentes et les plus dignes de foi évaluent à cent quatre-vingts millions de francs nos exportations annuelles de tissus de soie. C'est la seule industrie de nos jours dans laquelle la France ait conservé le premier rang.

(19)   Mais l'immortel Jacquard, etc.

« On ne peut voir sans admiration, dans les métiers montés d'après le système Jacquard, les dessins les plus riches et les plus variés, sortis comme par enchantement de l'entre-croisement des fils de la chaîne et de la trame pendant qu'une longue série de cartons assemblés à charnières mobiles marche progressivement en laissant passer au travers des trous dont ils sont percés, et en arrêtant tour à tour des pointes qui se meuvent lorsque l'on soulève un certain nombre de fils correspondants de la chaîne.

« Le métier à la Jacquard est l'expression la plus avancée de l'industrie du tissage, et tout porte à croire que cette industrie n'a plus guère à espérer que des progrès de détail si on la considère comme limitée à la production d'étoffes analogues à celles qui sont fabriquées aujourd'hui. »

(L. Lalanne, *Encyclopédie nouvelle* Article *Tissage*, 8e vol., pag. 500).

« Avant l'invention de Jacquard, les canuts for-
« maient une population chétive, rabougrie et défor-
« mée, obligée qu'elle était de ployer et de contourner
« son propre corps sur l'informe métier qui tissait la
« soie. Et cependant Jacquard s'est vu, de son vivant,
« poursuivi par la haine des ouvriers routiniers!.....
« Aujourd'hui le vieux canut est un type effacé. Le
« canut de nos jours est sain et vigoureux, et Jac-
« quard a sa statue sur l'une de nos places. Ce qui
« n'empêche pas que le canut ne soit le plus malheu-
« reux des travailleurs modernes; car la misère l'é-
« treint à la gorge, et rien n'est plus douloureux que
« de voir l'or et la soie, qu'il mêle comme les plus
« riches nuances de l'arc-en-ciel, contraster avec l'af-
« freux dénûment de la mansarde où s'allanguit sa
« pauvre famille. »

(Extrait d'une lettre de Léon Boitel, éditeur
et directeur de la *Revue du Lyonnais*.)

(20) Un jour on nous a vus de faim près de mourir.

C'est en 1831. Les canuts ruinés et affamés par un
long chômage, demandèrent du pain les armes à la

main, n'ayant pu en obtenir par aucun moyen. Ils avaient inscrit sur leur drapeau cette devise :

« Vivre en travaillant ou mourir en combattant ! »

On les mitrailla sur les places et sur les ponts de Lyon.

(21) Dans la grande cité que deux fleuves arrosent.

On sait que la ville de Lyon est le centre de l'industrie de la soie en France.

LA CHANSON DU CANTONNIER.

(22)   Le cantonnier cailloute, etc.

Je demande pardon pour ce néologisme. Je n'ai pas trouvé dans notre langue d'equivalent au verbe *caillouter* des cantonniers provençaux, et j'ai préféré l'employer dans toute sa crudité technique plutôt que de délayer dans une périphrase l'idée qu'il représente si clairement.

LA CHANSON DU TEINTURIER-DÉGRAISSEUR.

(23)   Grâce à deux bains de cochenilles, etc.

Les cochenilles en question sont de petits insectes

d'Amérique dont le suc donne la plus belle écarlate. On m'a assuré qu'on mêle souvent le suc de cochenilles et le campêche afin d'obtenir des teintures rouges plus ou moins foncées.

LA CHANSON DU CALFAT.

(24) De tous les vaisseaux du Roi, etc.

Il y avait encore un roi en France quand ces vers furent écrits.

LA CHANSON DU VERRIER.

(25) Un tube enfle notre visage, etc.

L'état actuel de l'industrie du verre laisse encore beaucoup à désirer en ce qui concerne le sort des ouvriers. Soumis à une chaleur intense et à un exercice violent, obligés d'expirer de leurs poumons l'air nécessaire à l'insufflation de la matière encore molle, ces hommes ne peuvent résister qu'autant qu'ils sont doués d'une santé et d'une force musculaire à toute épreuve. Il faut espérer que l'influence d'une philanthropie éclairée parviendra à adoucir ces rudes travaux en substituant, comme on l'a récemment proposé, à l'action immédiate de l'ouvrier dans ce qu'elle a de plus pénible, celle d'appareils ingénieusement combinés.

(L. Lalanne, *Encyclopédie nouvelle*,
article *Verre*, tome VIII, page 647.)

LA CHANSON DU TONNELIER.

(26)   En cerceaux, sous vos doigts,
        Du châtaignier courbez le bois.

La tonnellerie emploie à la confection des cerceaux dont elle cercle le flanc des barriques dites *bordelaises* les branches jeunes et encore flexibles du châtaignier. Les vigoureux rejetons du châtaignier sont fendus par le milieu, dans leur longueur, roulés en cercle et liés à leurs extrémités avec des fils d'osier. Ces barriques ainsi cerclées font souvent tout le tour du monde sur nos vaisseaux marchands sans que la fermentation du liquide qu'elles contiennent ni le roulis de la mer qui les fait parfois s'entre-choquer lorsqu'on n'a pas apporté dans l'arrimage toute la solidité voulue, parviennent à entamer cette ligature en apparence si frêle.

LA CHANSON DU BERGER.

(27)   Jadis, de leur voûte insondée,
        Par les pâtres de la Chaldée
        Les secrets furent pénétrés.

« Le très-grand nombre de savants et historiens s'accordent à considérer les Chaldéens ou Babyloniens comme les plus anciens de tous les astronomes.

« ..... On ne peut guère douter que les anciens Chaldéens ne fussent très-versés dans la connaissance des mouvements du soleil et de la lune. Les plus anciens et en particulier Géminus, contemporain de Sylla, leur attribuent diverses périodes luni-solaires qui ne pouvaient être que le résultat d'une très-longue suite d'observations.

« ..... On croit que les Chaldéens sont les premiers qui aient distribué les étoiles en groupes distincts ou *constellations*. Ils avaient divisé le zodiaque en plusieurs parties égales appelées signes; on suppose aussi qu'ils avaient une connaissance approchée de la grandeur de la terre, et enfin, on fait honneur à quelques-uns de leurs philosophes d'avoir regardé les comètes comme des astres permanents, assujettis aussi bien que les planètes à des mouvements réglés par des lois éternelles.

« ..... Les Grecs n'ont commencé à cultiver l'astronomie qu'après les Chaldéens et les Égyptiens dont ils furent les disciples. »

(Transon et Jean Reynaud, Encyclopédie nouvelle, article Astronomie, tome II, pages 181 et 182.)

Voilà pour l'histoire sérieuse; mais la poésie et la tradition font remonter directement l'origine de l'astronomie aux pâtres chaldéens dont le regard contemplatif découvrit le premier les mystères célestes. Sous Auguste, Virgile les appelait déjà les pères de l'astronomie.

LA CHANSON DU CORDIER.

(28)   Des *ponts* qu'en l'air le maçon dresse
C'est moi qui file le palan, etc.

Parmi les divers systèmes d'échafaudage en usage dans le midi de la France, il en est un dont les maçons se servent de préférence. Il consiste à suspendre par les deux bouts, avec des palans en chanvre fixés sous les toits, de longues échelles qui reçoivent alors le nom de *ponts*.

(*Note du Chantier*, page 50.)

FIN DES NOTES.

TABLE

	Pages.
Préface. — A George Sand	v
Frontispice. — Aux Prolétaires	2
La Chanson du Guinguettier	9
La Chanson du Roulier	11
La Chanson du Vannier	16
La Chanson du Tailleur de pierres	20
La Chanson du Boulanger	26
La Chanson de l'Imprimeur	30
La Chanson du Matelot	33
La Chanson du Forgeron	36
La Chanson du Chiffonnier	40
La Chanson du Ramoneur	45
La Chanson du Jardinier-Fleuriste	48
La Chanson du Mineur	55
La Chanson du Joueur d'orgue de Barbarie	59
La Chanson du Menuisier-Ébéniste	62
La Chanson du Facteur de la Poste	66
La Chanson du Mécanicien	72
La Chanson du Perruquier	75
La Chanson du Cordonnier	80
La Chanson du Fondeur	85
La Chanson du Pilote	90
La Chanson du Souffleur	93
La Chanson du Rémouleur	98
La Chanson de l'Horloger	102
La Chanson du Peintre en bâtiments	105
La Chanson du Postillon	110

	Pages.
La Chanson du Pêcheur	115
La Chanson du Domestique	120
La Chanson du Boucher	123
La Chanson du Soldat	127
La Chanson du Conscrit	132
La Chanson du Tailleur	141
La Chanson du Charpentier	146
La Chanson du Confiseur-Pâtissier	149
La Chanson du Laboureur	152
La Chanson du Cuisinier	159
La Chanson du Maçon	164
La Chanson du Savetier	167
La Chanson du Canut ou Tisseur	174
La Chanson du Cantonnier	178
La Chanson du Teinturier-Dégraisseur	181
La Chanson du Calfat	183
La Chanson du Chansonnier	187
La Chanson du Chapelier	190
La Chanson du Tanqueur ou Portefaix des ports	193
La Chanson du Tapissier	198
La Chanson du Bûcheron	202
La Chanson du Fabricant d'allumettes chimiques	207
La Chanson du Verrier	211
La Chanson du Tonnelier	215
La Chanson du Berger	218
La Chanson du Cordier	223
La Chanson du Fossoyeur	226
Quelques notes	231

FIN DE LA TABLE.

www.ingramcontent.com/pod-product-compliance
Lightning Source LLC
Chambersburg PA
CBHW070543160426
43199CB00014B/2354